Z世代效應

::: 改變未來企業經營的六股力量 :::

THE GEN Z EFFECT
THE SIX FORCES SHAPING THE FUTURE OF BUSINESS

湯瑪斯·辜洛普羅斯 & 丹·凱德生——著　　林添貴——譯

THOMAS KOULOPOULOS & DAN KELDSEN

時報出版

獻給米雅、阿納斯塔西：
你們讓我知道要學習的還很多，
你們的愛和聰慧令我常保年輕。

　　　———湯瑪斯·辜洛普羅斯

獻給珊卓拉、茱莉亞和羅根：
感謝你們容許我專心於寫作之中，
並在需要暫時休息時，陪伴著我。

　　　———丹·凱德生

Ⓩ 各界讚譽

一本很棒的書，列舉出在目前及未來都很重要的技能：必須跨越知識工作者的世代鴻溝。領導典範的故事尤其具啟發性，更加強化成功是基於獨特思考方式，而非僅是年歲經驗的概念。

——布魯斯‧羅森斯坦（Bruce Rosenstein）
《領導者對領導者》（*Leader to Leader*）總編輯
《打造杜拉克式的未來》
（*Create Your Future the Peter Drucker Way*）作者

從我和好幾家世界最大零售業者共事的經驗，我深刻體會了解《Ｚ世代效應》和把它整合進組織成長策略的重要性。湯姆和丹提出很清晰的觀點，讓我們看到Ｚ世代大破大立的力量已經對我們的企業及世界產生影響，也讓我們看到未來的世界將是什麼面貌。

——史黛芬妮‧費雪（Stephanie Fischer）
全球零售業行銷協會執行長

多年來，我看到企業因為世代分歧而喪失世代智慧。本書為遏止此一損失提供希望和解方。它出現在組織革命最重要的關鍵時刻。

——吉姆·錢比（Jim Champy）
《企業再造》（*Reengineering the Corporation*）作者

《Z世代效應》很有啟發性地告訴我們學習、遊戲、科技和年齡為何會相互牴觸。

——尼古拉斯·波納迪（Nicholas Bonardi）
育碧公司「搖滾工匠」和「搖滾工匠2014」首席音效工程師

丹和湯姆針對在世界史此一重大關鍵時刻促進分化、阻礙進步的兩極化觀點，另闢蹊徑及時、務實地提出另一套觀點。《Z世代效應》提出的思維方式將會吸引寧當編劇或演員、而非批評家的人士。

——羅布·韋伯（Robb Webb）
凱悅酒店集團人力資源長

這本奠基之作，提供給企業策略師和行銷主管迫切需要的架構，可以善加利用Z世代效應此一最寶貴的人口演變趨勢。

——路克·霍荷曼（Luke Hohmann）
康特諾執行長暨《創新遊戲》（*Innovation Games*）作者

《Z世代效應》提出一個尖銳的問題：「誰在影響誰？」企求基業長青的嬰兒潮世代，和企求再造重建的Z世代都必須一讀的佳作。辜洛普羅斯和凱德生的卓見「影響力勝過財力」，說得真好，特權和權力不再是影響思想、口碑和市場的主要動力。

——艾倫‧凱利（Alan Kelly）
主力系統創辦人兼執行長
《影響力的要素》（*The Elements of Influence*）作者

辜洛普羅斯和凱德生掌握了非常重要的一項大變化的脈動，看到影響全體人類認識自己、社會和變化力量的大趨勢。務必要讀這本書，把你自己彈射到在多世代、超級互聯的全球化世界，發揮影響力。

——布萊克福‧密道頓（Blackford Middleton）
范德比大學醫學中心教授暨資訊科學主任

辜洛普羅斯和凱德生兩位作者撰述的《Z世代效應》這本書，介紹給我們「工作、和顧客互動、持續學習，乃至生活」的新方式。Z世代已經模糊了我們大家之間的界線。這是一本適時之作。

——姬兒‧戴奇（Gill Dyche）
《新資訊科技》（*The New IT*）作者

世代差異影響我們的價值觀、信念和行動。為什麼？因為自古以來我們就是這樣界定自己。科技使它起了變化。《Z世代效應》提供發人深省的洞見，讓我們重新思考科技的影響，以及超越傳統界限簡化獲得和協同合作，如何可以走向合力創造更美好世界的文明。

──希瑟・石川（Heather Ishikawa）

《最佳思考者》（*Now You're Thinking!*）作者之一

培生集團人才訓練全國主任

《Z世代效應》列舉的六股力量全都關係到民主化，即科技、資訊獲得、學習，甚至身份認同的民主化。這就產生集體認知科學和人文，以及以集體行動改進它們的可能性。這本書不僅闡釋這些力量如何運作，也告訴我們身為教學工作者和企業領導人如何可以促進最佳的集體行動。

──凱特・蒲（Kate Pugh）

哥倫比亞大學資訊及知識策略學科主任

《更聰明的創新》（*Smarter Innovation*）和

《分享影藏技能》（*Sharing Hidden Know-How*）作者

本書告訴我們從「世代」角度觀察人類行為和態度已經逐漸瓦解。各個世代日益運用科技和新視角攜手合作解決當前最大的挑戰。我衷心建議：好好研讀《Z世代效應》，了解創造此一變化和建立「最後世代」的六股力量，善於運用它們，在未來發揮你的影響力。

——克里斯・葛華德（Chris Goward）
《你該測試這個》（*You Should Test That!*）作者
WiderFunnel 行銷優化創辦人

辜洛普羅斯和凱德生揭露Z世代及他們影響新知識經濟的管理、學習和創新背後的驅動力量。他們對Z世代效應的深度研究啟迪我們如何設計策略，以充分發揮超級互聯、超動態和靈活的組織之最佳潛力。

——艾瑞克・徐（Eric Tsui）
香港理工大學教授

目錄
CONTENTS

ⓩ 作者序

寫作就是學習。

不論你動筆寫作時對相關主題已經多麼精嫻,等到你成稿定卷時,會發現又接觸到許多新知識。學習是由無數老師、導師、擁護者和支持者一路指引的過程;它是知識大發現的旅程;最大的發現或許是,你從別人那裡學到更多你自認為已經十分嫻熟的事物之新知識。

儘管網際網路提供我們必須知道的一切知識的時代,書籍還是有它的吸引力。我們相信原因在於,成就一本書需要集結許多人的智慧才能。這也是為什麼本書一開始,我們就必須感謝許多聰明又支持我們的人士,以他們的真知灼見、生平軼事和鼓勵協助我們。

第一、我們感謝在本書各章節中出現的許多人士。他們是Z世代的原型人物,我們本身和我們的組織都應該效仿。這些人士包括:羅布・韋伯(Robb Webb),從專業知識和凱悅酒店集團全球表現而言,他都是最先進的人力資源活榜樣;比爾・葛立朋(Bill Gribbons),他在班特萊大學成立一個十分了不起、

研究使用者經驗的實驗室；思科公司副總裁卡羅斯・多明尼各（Carlos Dominquez），自謙是科技「初入門者」，但是他維持心智年輕的能力，完全不遜於他樂意分享知識的熱情；育碧的尼古拉斯・波納迪（Nicholas Bonardi），他結合遊戲、學習和音樂的熱情，是涉及到現代教育的每個人值得效法的楷模；魁格和馬克・柯柏格（Craig and Marc Kielburger）兩兄弟共同創辦「解放兒童」組織，它堪謂影響 Z 世代最有啟發性、最具影響力的非政府組織；丹尼爾・狄鮑（Daniel Debow）重新界定了績效表現評估的定義；喬治・阿奇里亞士（George Achillias），他對 Z 世代的洞見讓人一再擊節稱讚；凱文・戴維斯（Kevin Davis）身為「數據大師」的聲譽，證明了為什麼我們全都必須更加熟悉大數據和行為，它才會產生「結果」；我們的長期好友、同事和有遠見的杰圖・帕特爾（Jeetu Patel），他主持矽谷一家最熱門的公司，他年輕旺盛的精力似乎從來不退；賈斯汀・李維（Justin Levy）在思傑系統公司的作法，改變了我們對遠距工作的可能性和價值，以及它對我們的生活具有何種意義的認識；史黛芬妮・費雪（Stephanie Fischer）成立了「全球零售業行銷協會」這個集全球行銷專家於一爐的最有影響力的團體；15 歲的蘇曼・穆路穆迪讓我們茅塞頓開，重新思索 Z 世代將給未來帶來的無限潛力；另外還有下列人士：帕蒂・安克蘭（Patti Anklam）、威維克・巴斯卡蘭（Vivek Bhaskaran）、提姆・布瑞維（Tim Brewer）、李・布萊恩（Lee Bryant）、珊德拉・狄肯・卡爾（Sandra Deacon Carr）教授、蘿拉・卡斯

廷森（Laura Carstensen）、蘭迪・柯爾克（Randy Corke）、愛蓮・董布（Ellen Domb）博士、達米恩・杜強普（Damien Duchamp）、李斯利・范恩（Leslie Fine）、阿江・哈林（Arjan Haring）、約瑟夫・基布勒（Joseph Keebler）博士、韋恩・柯茨曼（Wayne Kurtzman）、李克・賴德（Rick Ladd）、羅伯・拉維尼（Robert Lavigne）、喬・米勒（Joe Miller）、麥可・穆勒（Michael Muller）博士、拉傑特・帕哈里亞（Rajat Paharia）、羅伯・拉斯姆森（Robert Rasmussen）、蕾貝佳・芮因卓（Rebecca Rienzo）、馬克・史密斯（Marc Smith）、艾瑞克・徐（Eric Tsui）教授、凱文・韋巴哈（Kevin Werbach）和泰・懷特（Ty White）。

　　第二、我們非常幸運有個出版界最專業的團隊支持我們。雖然偉大的點子可以湧入你的腦子，卻得依賴狠狠地注意細節，才能把這些構想化為有意義、易理解的結構，才不至於使你沈溺於自滿之中。

　　我們的經理人約翰・韋立格（John Willig）在業界已有數十年豐富的經驗，具備士官長的紀律（髮型更是完全相似）。他能夠快速綜合點子、指點迷津，並提供方向，經常起了決定性作用增加文章的清晰度和影響許多重大決定。

　　我們在書目動議（Bibliomotion）的出版團隊，在姬兒（Jill）和艾瑞佳（Erika）帶領下，在非常需要大破大立的產業創造下一個偉大的成功故事。艾瑞佳具有掌握主題要旨的不可思議能力，是 Z 世代這個主意能夠落實的重要關鍵。我們一直都清楚

奧德蕾（Audra）、姬兒和席娃恩（Shevaun）這支書目動議團隊在背後支持我們。

作家圈有一句名言：寫作過程進入收尾階段，你把每一頁、每一段反覆讀過，就已經人書合一。但是對於自己的作品，你也會有類似「雪盲」的經驗。我們非常感謝編輯蘇珊・勞昭（Susan Lauzau），她的鷹眼和執著注意細節，使我們能以顯微鏡般的眼光再仔細檢閱自己的作品。

第三、還有許多朋友和同事協助我們；名單之長，使我們不敢一一列舉，深恐掛一漏萬而失敬。艾琳（Erin）和桑妮（Sunil）協助精煉我們的點子；琳恩（Lynn）鼓勵我們、也對Z世代深具信心；艾莉西（Aleise）和莎儂（Sharon）幫助湯姆其他工作順利推行；金（Kim）以她一向積極進取的觀點鼓舞我們；其他朋友幫我們保持冷靜和專注。

最後，我們對家人也有無盡的感謝。對珊迪（Sandy）而言，這是她第一次經驗和一位作家生活與共，這不是輕鬆的事，但是她不斷地鼓勵，並以熱情全力支持。

當然，少不了我們自己家裡的Z世代：米雅（Mia）、亞當（Adam）、羅甘（Logan）和茱莉亞（Julia）；他們就是反向師傅，我們從他們身上了解我們所談論的年輕人的變化。透過他們的眼睛和經驗，他們教導我們每天還有許多新知有待學習、了解我們的觀點有多麼狹隘，以及Z世代還有許多玄妙的特色是本書所不及臚列的。最重要的是，他們讓我們對明天懷抱希

望，也讓我們覺得有責任留下遺緒，以便他們能打造一個其才具、雄心和樂觀受到讚賞的未來。

湯姆和丹

2014 年識於波士頓

Ⓩ 緒論

　　我們總是把自己放在歷史的末尾，人性最擅長的就是這點。每個世代都自認居於文明的頂端；他們的世界模式、他們的科學、他們的社會，永遠是拔尖的。這也是為什麼我們總是覺得處理今天的問題，遠比擔心明天假設性的議題來得重要。我們推論，畢竟今天過不了難關，就不會有明天。可是，明天照樣來臨，挑戰與機會也往往更加巨大。

　　那麼為什麼要特別專注於世代的話題，為什麼要強調 Z 世代呢？那些更大的問題要怎麼辦？譬如，恐怖主義威脅升高、氣候變遷不確定、所得懸殊緊張、年輕人因全球就業不振而意志消沉、世界經濟出現金融危機等，要怎麼辦？目前全球債務總額 223 兆美元，是全球國內生產毛額的 313％[1]；能源價格一路飛漲、負荷甚重，迫切需要尋求再生能源；世界上有不少億萬富翁，但也有 10 億人用不到乾淨水源、25 億人缺乏基本衛生設施，兩者形成鮮明對比。

　　專注 Z 世代的原因如下：在和數百個組織（從中企業、跨國公司到非營利組織、政府）合作的過程中，我們發現解決問

題時需要合作和配合，可是最大的障礙是我們被教導要預期和接受世代衝突。這些分歧深入到我們的思維，我們竟不會質疑它們。相反地，我們死守我們的世代觀點、環繞著我們的世界觀建立的意識型態堡壘，甚至把我們之間的壕溝挖得更深。這個趨勢最不具建設性的莫過於在建立一個創新事業時；因為望文生義，創新事業時成員必須環繞著在中心策略和前景共同努力。

由於分歧已經傷害我們在迅速成為後世代世界創新的能力，這也是為什麼Ｚ世代呼籲弭平已經阻擋我們太久的世代分歧，而令人對此感到振奮的原因。**後世代的思維要求我們不僅改變個人對世代界限的認知，還要建立能這麼做的組織。**

Ｚ世代（即我們只是這個大改變的一部分、包括之前的每一世代）效應的基礎是一套新的行為，讓我們能跨越世代工作，它由每個年齡層逐漸都能分享的科技所帶動，促進對世界的理解，並集體參與經濟和社會體制。在這個世界：

- 老祖母用蘋果平板電腦（iPad；以下簡稱蘋果平板）和還未學會走路的小孩用「skype」講話。
- 肯亞的小孩他父親一天賺不到 5 美元，他卻透過網路開放課程選修麻省理工學院的課。
- 嬰兒潮世代的她失業了，卻利用凱克斯達特（Kickstarter）這個群眾集資管道替她的最新創作募資。
- 一個中學生利用 3D 印刷製造革命性的醫學新儀器。

這些都是 Z 世代效應活生生的例子，這些人的共同點是願意改變，有能力簡單地與彼此及人類積累的知識連結。數十億生物的許多一小步累積，就是人類大躍進的一步。

　　可是，世代界線一直是我們經營企業的標準方式之一；它們影響我們的組織，描述我們的市場，界定我們對彼此的假設。我們很少質疑「使用這些任意描述來識別人群」的邏輯，而且我們還相當引以為傲隸屬某個群體。這就如同我們的祖先、我們頭髮的顏色或眼睛的形狀一般，是身分的一部分，我們沒去選擇且接受了它，因而創造誤解的大鴻溝。

　　從老一輩的熟年世代到千禧年的 Y 世代，加速改變的力量已把每個世代間隔的時間壓縮得愈來愈短。

　　20 世紀上半葉，可以典型地看到兩個鮮明的世代同時並存於職場。但是在過去 50 年，我們卻逐漸看到 3、4 個世代同時於職場工作，且每個世代都愈來愈難用特定年齡作界限來區分。

　　鑑於工作生命期延長[2]**，到了 2020 年，我們將容易看到 5 個世代並肩工作。**

　　但是，即使 5 個世代並肩工作也只是我們所預見的世代大混同的開端。到了 2080 年，由於人類壽命增長，工作生命期拉長，加上科技推陳出新期限縮短，將會創造出空前未見的 15 個世代並肩在職場工作的現象，屆時每個人可能從 20 歲工作到 80 歲，而每個世代年齡差距只有 4 歲。它挑戰我們去想像這種組織和世界會是什麼模樣，從我們溝通配合的行為和態度，乃至我們如何看待商業風險和社會價值，恐怕都會有千千萬萬不同。

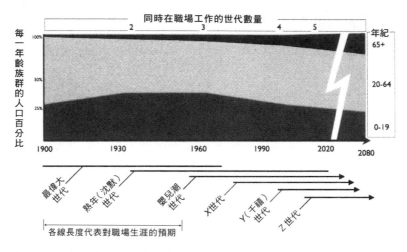

圖 1-1　同時在職場工作的世代數量

1900 年至 2080 年之間，將會出現 7 個鮮明區別的世代族群。圖 1-1 底下的直線代表每個世代的工作生命期限。圖中平行的暗影帶（從上到下）代表以下 3 個年齡族群占全體人口的百分比：65 歲（含）以上、20～64 歲，以及初生～19 歲。從垂直軸線來看，當 65 歲以上族群百分比上升時，初生至 19 歲族群的百分比即下降。此外，從上方平行軸線來看，同時在職場工作的世代數量從 1900 年代初期的 2，增加到 2020 年的 5。

組織勢必無法如此運作；這一來毫無希望調和利益和價值，也不可能建構合作。這也正是為什麼 Z 世代效應的團結力量在未來每個組織都極為重要的原因。話雖如此，要想像未來是何面貌，仍是相當艱鉅的挑戰。

未來的地心引力

那麼，我們對未來及 Z 世代有什麼是篤定的看法呢？只能說，兩者將會是我們作夢也想不到的陌生現象。以下請容我細細說明。

我小時候，很難理解物體向地上掉落的速率概念。對於同樣有類似困擾的讀者，或是不記得的讀者，請容我提醒大家：所有物體落地速度是 9.8 米每二次方秒。我就是搞不懂「米每二次方秒」是什麼意思。我們很容易設想物體以特定速度下降，譬如每秒一百公尺，這算術並不難，每秒行進速度 100 公尺，兩秒就是 200 公尺。但是地心引力卻不是這麼一回事。如果你在兩倍高度往下丟一個東西，它不需要兩倍時間落地。它只需要 1.4 倍時間 [3]。原因是物體位置愈高，它有更多時間加速。最簡單的比擬就是設想你要切入高速公路。當你 10 秒鐘內從時速零加速到時速 105 公里時，事實上每秒鐘所走的距離愈大。

這和未來及 Z 世代效應又有什麼關係？這麼說好了，未來有它自己一套地心吸力，牽引我們愈來愈快奔向它：它就是科技。談到科技，我們不能單純認為它帶動改變的速率會和過去一樣。假設過去一百年是我們切入高速公路時加速的頭幾秒鐘。這段期間，我們連結、擴張和加速世界每一層面（即從政治和經濟到企業和休憩）的速度，是 20 世紀初期的先人所無法想像的。關於這點，我們在討論超級互聯那一章再來深入探討。

然而，有一股更快速加快變化的力量已經等在未來一百年。

今天四通八連的企業在我們迅速向它演進的未來超級互聯世界，只稱得上是前奏序曲。過去需時一百年發生的變化，現在只需不到一半時間即可出現，這表示時間縮短極多。

如果我們維持過去 60 年的指數軌線，到了 2100 年，我們互聯起來的電腦裝置數目將超過全世界海灘的沙粒，事實上將是一百倍之多！設想一下電腦無所不在，從我們吃的食物、到我們穿的衣服，乃至我們開的汽車（或許該說是它開車運送我們），甚至植入我們身體的裝置。進入我們生活每一層面的科技，正在驅動 Z 世代效應。

最重要的是，Z 世代效應將改變企業的性質，不僅是讓科技創新更快速，而且會使價值創造和交流遍布全球每個角落。今天不在經濟主流中的數十億人類，突然間將陷入互聯商業的大漩渦，一百億人類全都交織在一個相互串連的全球巨大價值鏈當中。

想要徹底明白它將如何改變我們經營企業的方法，不啻是要求我們超越局限、全力想像，幾乎進入科幻世界。由於它似乎無從想像，我們姑且先擱置某些太遙遠、今天還不需要有所行動的變化。

跨越世代虛構

對於企業而言，Z 世代效應和它所提供跨越世代虛構的機會，十分驚人。我們抱持健康的懷疑心態先接受後世代世界的

假設前提，但是我們所做的研究和本書將要介紹的許多案例，增強我們的信念，相信 Z 世代正以比我們預期更快的速度奔向我們。現在應該是開始消除世代不和的時刻了。

- IBM 已經設置「成果導向工作環境（Results- Oriented Work Environment, ROWE）」，它造成生產力提升 50％，也節省 7 億美元成本。
- 君悅酒店（Hyatt）採用設計思維，打破世代障礙，因而成為令人最受嚮往的公司之一。
- 思科系統公司（Cisco System）採用反向導師制度，革命化公司內部跨世代行為經驗交流；可是目前只有 15％的公司採用類似作法。
- 多芬（Dove）從 20 世紀付費媒體跨界進入 21 世紀社交媒體，創造出全球運動，打破愛美和世代的局限。
- 專注 Z 世代的非營利組織「讓兒童自由（Free the Children）」，不花分文廣告費，成為臉書在全世界最大的贊助項目。
- 羅威公司（Lowe's）利用行為數據穿越年齡分布，找出顧客為何購買、如何購買的模式。
- 史丹福、哈佛和麻省理工等著名大學免費提供課程，打亂了高等教育辛苦建立的基礎。
- 每年有高達 400 萬新創企業突然間可以取得他們過去不敢夢想的資金。

- 74％的專業人士認為專利權制度需要大肆改革，另有20％的人認為它毫無用處。

六股力量

平常很少有可能把影響組織構造的力量歸納為少數幾個清晰的類別；也很少有可能穩當地寫出處方，協助組織平穩走過不確定和變化的大環境，尤其是兩者似乎都在測試我們耐久力極限的時刻。可是，本書《Z世代效應》的目標正是：界定影響後世代組織未來之力量，了解它們，並且找出明確方法可以善加利用來建立更成功的企業。

有六股力量驅動Z世代效應，接下來將在每一章個別檢視它們。這六股力量是本書的主角，它們之所以被精挑細選出來，不僅是因為它們對企業有全面的影響，也因為它們有能力破壞目前我們如何經營事業的概念。Z世代效應受到下列力量推動：

- **打破世代藩籬**：面對迫在眉睫的人口重分配這個巨大的擾動現象，把全球年齡層分布的人口平均化，從出生至64歲以5年為一組分布到13個族群（即0～4歲、5～9歲、10～14歲……60～64歲）[4]。
- **網際網路高度互聯**：走向人類、電腦、機械和物件彼此指數性的超級互聯。
- **高科技普及化**：在使用者經驗和承受能力上善加利用突破性

的進步，把尖端科技化為常態，讓極大多數人似乎在一夜之間藉科技進步的力量追趕上來。

- **由財富轉向影響力**：透過跨越年齡及其他人口界限的社群，而非大量資金，善用力量去影響世界大事。
- **以世界為課堂**：推動全球教育普及，讓每一年齡階層的人都有機會接受各個階層的教育。
- **突破障礙**：走捷徑突破障礙、超越制度，以便專注結果而非過程，以意義和宗旨作為個人及專業經驗的重心。

　　驅動 Z 世代效應的這六股力量不是細微的世代變化。它們挑戰某些有關跨世代運作方式的最基本信念。

補充一句話

　　依據 Z 世代的精神，我們寫這本書，分享其內容，並更方便地運用其理念進行合作。除了在網頁「GenZEftect.com」及內容更豐厚的電子書上的補充材料之外，你會在本書上看到粗體字的短句，它們代表我們討論的論點之精髓。譬如說：**世代思維有如巴別塔；它只能分化我們。為什麼不專注能夠團結我們的行為呢？**

　　我們把許多金句的長度限縮在容易貼文或以推特發表，以便你能在社交媒體上使用它們。在電子書上，你甚至可以直接擷取句子貼文。每一章末尾所附的「行動篇」，列舉重要問題，

幫助你評估自己和你的組織是否已準備好迎接 Z 世代的來臨。另外我們也列出包括個人和組織在內的 Z 世代領袖。

請各位分享這些點子，並且多多宣揚 Z 世代。我們的點子，有些或許你會贊同，有些則可能質疑。不論你贊同與否，它們是討論的種子，我們希望你會把它們帶到另一個層次，打破世代之間的巴別塔，建構一個富有新思想、新觀點的未來。

在「GenZEftect.com」這個網站中，你會發現有詳盡的評估，讓你能夠評估自己在數千同儕當中的 Z 世代排名序位。這一評估可以指引你更清楚了解自己的行為和態度究竟是引導你走向 Z 世代，還是偏離 Z 世代。你也可以找到許多案例、評論、對話，甚至環繞著 Z 世代效應許多細微差異的辯論。

借 20 世紀初期著名經濟學者熊彼得（Joseph Schumpeter）的一句話來說：「創造性破壞」過去和現狀，一向是建構未來的第一步。

好消息是企業的未來已經有一本劇本，而且你正握有它。

1

Z 世代：
跨世代

每個世代都希望是最後一個世代。

——恰克‧帕拉尼克（Chuck Palahniuk）
《搖籃曲》（LULLABY）

本章將界定 Z 世代和 Z 世代效應，敘述推向「後世代世界（post-generation world）」轉變的基本驅動力，討論為什麼我們認為 Z 世代是 21 世紀最後一個世代，也是創新和創意新時代的開端。

先思考一下，我們所了解的世界運作之方式，是基於我們認定的一個不可更易的事實：各個世代代表一群鮮明、不同的族群，各有共同的信念、經驗和對世界運作方式的價值觀。每個世代隨著生命歷程進展，益加接受他們那一世代的信念，抑制了創新，並傾向於保護他們努力了一輩子所建立的思想、權力和影響力等財富。

假設世代分明只是虛構，會是什麼情況？假設，因全球人口起了劇烈變化，科技的速度加快及簡化，網際網路高度連結，教育普及，以及有新方法突破障礙而創新，而使我們進入到後世代的世界，又會是什麼情況？

這正是本書的重點：Ｚ世代效應壓縮及消除了許多長久以來分隔我們的世代界限。突然間，我們發現自己有能力超越難以運用的電腦技術。原本對科技覺得陌生而感到害怕、痛恨電腦的老年人，突然跳進個人電腦世界，手機、觸控、音控和穿戴裝置全都不再需要使用說明書或是訓練。祖父母可以和兒孫輩一起使用臉書。[1]原本讓我們望而卻步、出現隔閡的科技，現在把我們結合起來。

同時，跳脫幼稚園到高中三年級的學制、跨出大學校園，持續不斷再教育自己的能力，建立個人網絡，並透過社群媒體和網路社群，擴大這些網絡的影響力，它也擴及到不同的年齡層，不再局限於有權有勢、財力豐富的人家。

然而，本書不僅要討論下一個世代，也絕對無意輕忽 20 世紀的世代；我們會討論六股團結的力量，它們不問你我的年齡，

將會深刻影響你我生活的每個層面。

誰是 Z 世代？

　　打從一開始就必須弄清楚很重要的一點，那就是，雖然我們熱切地相信證據顯示，Z 世代效應允許我們跨越鴻溝、團結世代，但 Z 世代打從一開始是以一套新的行為為開端，對出生在上個世紀的我們這一輩而言，它們是陌生的，甚至很難應付。這些行為在出生於過去 10 年的孩童身上最為明顯。為了便於敘述 Z 世代始於什麼時候，我們以 2005 年為基礎向前及向後各推 10 年，畫出一個時間帶。請記住，我們在〈緒論〉已經講過，世代界限在過去的世紀已經變得愈來愈模糊。因此，當 Z 世代成為熱門話題時，你可能在許多不同來源看到 Z 世代的起始日，從 1995 年至 2015 年之間都有。給 Z 世代扣上固定的起始點，不是我們的重點，因為我們在本書從頭到尾要強調的一個基本論點是，Z 世代不是與生俱來的東西，而是可以透過有意識的選擇所採納的共同行為。

　　雖然我們在本書所討論的許多東西，其根源是早在 2005 年之前就開始的變化，但是最影響我們看待未來方式的，卻是出生在這個時點前後的孩童特定的態度和行為。這些孩子不只是數位原生代，他們是超級互聯的新生代，他們的期望將會永遠、激烈地改變企業面貌。事實上，我們認為千禧世代是 Z 世代真正數位原生代的測試版。

就 Z 世代而言，科技是看不見的；它只是世界和他們互動的方式。他們看不見科技和某些東西天生行為之間的差別。對他們而言，科技只是他們生活中的另一道絲線。幼體動物往往把牠一出娘胎就看到的東西視為母親，出生在 Z 世代的孩童也視科技為天經地義的東西。

你預期蜜蜂會螫人，狗會和你玩，一靠近鳥，牠會飛走；同樣地，出生在 Z 世代的孩童也預期物件會有行為，甚至有個性。 雖然認為物件會有行為和個性未必是全新的想法，每個小孩擁有玩具動物，也都認為它有生命。然而，新鮮的是，這些行為和個性現在透過物件表現出來，而不是我們想像它們會有什麼行為和個性。結果就是我們和「智慧」物件雙向互動成為新常態，不再像是「笨拙」物件，它們的生命是主人單向賦予的。這種現象讓年紀夠大、還記得從前不是這樣的人覺得驚奇，可是對五歲的小童而言，一點都不稀奇。簡單來說，對於不是和科技一道成長的人而言，科技才是科技。

我們的好友琳恩（Lynn）最近告訴我們她那兩歲稚女茱莉亞（Julia）的一則故事，這則故事比起我們筆墨還更能說明箇中玄妙。今天美國家庭中有 38％嬰童常態使用平板電腦，茱莉亞是其中之一。[2] 她玩的是蘋果平板（iPad），她喊它「帕德」。她會哭鬧著找帕德，就和嬰兒吵著要奶嘴一樣。得不到帕德，她會十分氣惱。茱莉亞是個聰明的小孩，她在「帕德」上最喜歡玩的遊戲是「集中注意力」，她必須拍打觸控螢幕翻牌，使其顯示相同的圖片。茱莉亞若是找到相同的兩張圖片，會尖叫、

興奮，為自己的聰明喝采。這是她心愛的遊戲，永遠玩得不厭其煩。說到這兒，沒什麼稀奇呀！你或許也看過你的子女、孫、侄輩玩過這類遊戲，說不定你自己也玩過。

最近，琳恩決定找出實體的「集中注意力」遊戲卡，那是她 10 歲的兒子在茱莉亞這個年紀所玩的卡片。琳恩很興奮，想讓茱莉亞分享「舊世界」經驗，觀察她玩實體卡片的奇妙滋味。琳恩鋪出卡片時，茱莉亞已經目不轉睛。她高興地拍拍手，曉得好玩的遊戲要開始了。

卡片整整齊齊排好之後，茱莉亞伸手很快地拍拍一張卡片。「咦，怎麼沒有動靜呢？」茱莉亞臉上露出困惑的表情。她再伸手拍它，這一次比較用力、再用力、更用力，她氣急敗壞揮舞雙手，怎麼卡片就是毫無反應呢？在茱莉亞腦子裡，這個帕德壞了。

在你笑著茱莉亞的憤怒是小孩子被進步的科技搞得分不清現實，而且覺得她實在很可愛之前，先想想，這就是她的現實。在茱莉亞的認知裡，物件應該展現某種行為，或許最重要的是，要有智慧能力和我們互動。不遵循這個規則走的物件，肯定是壞了。

我們相信你會認為茱莉亞屬於 Z 世代。同時，你或許也會描述：茱莉亞的行為使她完全失去活在真實世界的趣味和驚訝。我們很容易遽下斷語，說這就是世代差異。但是，且慢，茱莉亞日後有可能是你的顧客、員工、下一位偉大的創業家、國會參議員，說不定還是你的頂頭上司。這樣你就懂了吧？我們不

能否定茱莉亞所預期的世界運作方式，就好像我也不能否定你預期蘋果會從樹上掉下地一樣。但是要活在茱莉亞的世界，你也必須相信，有時候蘋果會和我們對話，告訴我們它們何時熟了、可以吃了。

這也是為什麼需要把 Z 世代不僅當作一個世代看待，而且還要看作「世界如何運作，以及我們需要如何回應，才能跟上時代、有競爭力」的一套新行為和態度。慢慢地，何時出生已經不重要，要隸屬 Z 世代就是要接受這些行為，或者至少要了解他們和他們帶來的價值觀。**簡單地說，Z 世代不是與生俱來的東西；它是有意識地選擇去採納新的行為方式。**

19 世紀法國歷史學家亞歷西斯・狄・托克維爾（Alexis de Tocqueville）寫道：「在民主國家中，每個世代即是一群新人民。」然而，托克維爾和我們這些出生在上個世紀的人，都沒有預見到世代之間差距縮小，以及出現「微世代」（micro-generations），每一世代間隔只有短短幾年，卻成長在完全不同的科技經驗下。

事實就是，傳統上界定世代的所有參數都在改變，壓縮出極其微小的間隔年分。根據他們玩的平板科技，2 歲大和 6 歲大的兒童搞不好就是兩個不同世代。以這層意義來講，我們或許也可以用三星公司（Samsung）推出產品的時程表界定世代界限。

這種微世代的經驗對我們來說都是很陌生的領域。它不是我們過去思考世代的方法。[3] 試想看看，短短幾十年，電子通訊

已經從傳真機進展到電子郵件，再到即時通訊、簡訊、推特；在相繼的每 4、5 年時段，這些方法不斷推陳出新，每個新的數位原生代都有他們偏好的通訊方法。

每種新通訊媒介出現，某些全然非直覺的東西也出現：科技行為透過舊使用者向上滲透，而非只是向下滲透。

由於微世代出現，沒有必要再去思索 Z 世代之後會是什麼世代。不會有什麼後 Z 世代、2.0 世代、AA 世代、阿爾發世代（Gen Alpha）。Z 世代是值得為它標示記號的最後一個世代。這是好消息，因為和過去的世代不一樣，Z 世代的行為和態度是有意識的選擇，而非局限於以一段出生時期定義下的一批人。而選擇了 Z 世代的行為和態度會有什麼好處，正是本書的重點。

擁抱 Z 世代效應，你就成為 Z 世代成員。世代界限的障礙和人為界定不再局限你成為未來一部分的能力，也就是說只有你自己才能局限自己！

雖然吸收我們談論的所有變化似乎很困難，Z 世代效應將會有正面的影響；它將激烈地改造我們的體制、期待和行為，並且提供方法解決我們組織和世界所面臨的最大的問題。

那麼，這對你有何意義呢？了解和擁抱 Z 世代方法，你就可以：

- 管理最大年齡幅度的人員，並和他們並肩工作。
- 從工作上的密切合作受惠。
- 建立專業關係，善用年輕人的活力和熟齡人士的智慧。

- 啟動終身學習、拋棄所學和再學習。
- 不再有科技隔閡，享受和子女、侄、孫輩的互動。
- 擁抱突破和不確定的價值。
- 能在加速變化的世界一展長才。

我們曉得這不是一件簡單的事，也沒有想要說服你去做你不想做的事情。我們只提出警告，讓你好準備迎接即將來臨的變化。Z世代效應將帶來人類歷史前所未見的態度和行為的激烈變化。選擇成為Z世代的人將扮演樞紐角色，既是資訊時代最後一個世代、又是超級互聯時代的第一個世代。

千萬別低估擁抱此一變化所隱含的巨大力量。如果你是Z世代一員，你就是今日我們所成就的行為和將要引領我們走向未來的行為，兩者之間的橋樑。不論你喜不喜歡，你替全世界的善惡、優勝劣敗，高擎火炬；也就是說，進步和繁榮、社群和連結，乃至貧富不均、恐怖主義和政治動盪、氣候變遷和經濟起伏，這一切全在你眼前展開。然而，如果你選擇要做，你也可以在解決這些艱鉅挑戰上貢獻棉薄之力。

Z世代的應許是，它允許我們選擇指向未來的行為，而不是把我們定錨在過去。 Z世代將引導世界走向有可能性的新時代，但我們也將必須忍受巨大的割捨斷裂，才能甩掉可能已經深鑄在我們基因中的舊習。但別忘了，即使基因也有突變的一天。這個道理也適用在Z世代，它已經在過去的兩百年逐漸醞釀，社會已經見證人口變化、科技快速進展。

你只要環視四周，就會看到原本最基本結構的例證（其實還只是暗示），如表 1-1 所示，它是如何被完全不同的東西所取代且態度如何隨之改變。

表 1-1　Z 世代之前和之後的態度

	Z 世代之前	Z 世代之後
使用網際網路	特權	人權
影響力	買來的	掙來的
智慧財產權／專利	價值創造者	障礙
失敗	避免	擁抱
遊戲	不能加值地玩	交往的基礎
不確定	要作準備	預測
退休	終點	旅程
連結性	奢侈品	必需品

再來你或許會問：本書兩位作者，一個生在嬰兒潮世代、一個是 X 世代，怎麼會出現 Z 世代的念頭？我們希望你也能夠做得到。我們先敞開思想，接受在我們經驗之外存在可能性，然後允許我們自己欣賞 Z 世代態度和行為的價值。

你在閱讀本書的過程，或許會起心動念，認為態度和行為這兩者哪有那麼重要。會有這種念頭，其實很簡單；畢竟我們還活在世代的陰影下。然而，請讀者諸君試著從我們訪問到的蘇曼‧穆路穆迪（Suman Mulumudi）提出的方法來看待 Z 世代。關於他本人，稍後會再介紹。他告訴我們：「並不是經驗本身

不好，而是人們把經驗當作拐杖這件事不好。他們忘掉真正可以看到新科技，是在他們並沒有經驗的地方。我真心相信，未經歷失敗淬煉就不會成功，因為你若不曾失敗，就不會去嘗試不確定的東西，也就沒有跳脫窠臼思考。」

對了，蘇曼·穆路穆迪只有15歲。我們完全同意他的見解，我們將再擴大他的比喻。**經驗不只是拐杖，而是骨骼；它讓我們有能力做奇妙的事情，但它缺乏彈性，終於界定了什麼是可能，以至於我們無法或不願再提問。**

還有一點值得提出來，我們並非把每種新行為都盲目地接受，視為Z世代的行為。雖有種種變化，合理的質疑以分辨有價值的行為和破壞性的行為，其實是正確的態度。危險的是，因為新事物不符合我們的經驗就排斥它。簡單地說，別讓過去的局限界定未來的範圍。我們要討論的個案和範例，以及我們將提出的建議，只能透過應用才能徹底了解它們。試圖判斷某一新行為是否有道理，就和試圖判斷我們從未經驗過的新產品是否有道理一樣。唯有經驗才能作出判斷。

1984年，《舊金山檢察人報》（*San Francisco Examiner*）科技新聞記者約翰·杜沃拉克（John Dvorak）寫道：「麥金塔電腦使用一種實驗性的指示儀器，稱之為『滑鼠』。沒有證據說明人們想要使用這玩意兒。」[4]當然沒有證據呀，因為商業使用的滑鼠是1983年才問世的產品！不過，對杜沃拉克公道一點，他的觀點跟其他許多預測比起來還不算離譜失真，還有許多人對嶄新的科技在市場上的表現也經常烏鴉嘴、不看好呢！往回

看，只有一條路通達到現在；往前看，卻有數不盡的路通往未來。往回看總是更容易選對道路。

對於未來進行學術討論是一回事，要生活在其中又是另一回事。只有透過經驗，我們才能決定通往未來的許多路中哪一條值得走。因此我們提出警告：Z世代需要有開放的心智，願意演進，能容忍改變所帶來的不方便。

世代界限終結的起點

若不界定Z世代和Z世代效應，我們無法再繼續說下去。本書從頭到尾一直會用到這兩個詞，它們可能很容易被搞混，但是兩者是不同的。Z世代是指一套有關世界如何運作的行為和態度。你可以出生在其中，你也可以選擇加入其中。**Z世代效應則是指科技的簡單化和人人花得起，將世代團結起來而非分化之後所發生的狀況。**

如果有下列情況，歡迎加入Z世代：

- 你是個嬰兒潮世代，正要展開下一個事業而不是邁向退休。
- 你出生在2005年前後不久的年份。
- 你剛開始就業，但預期不會停止學習進修。
- 你相信創新來自於跨越分隔我們的界限，不是停留在界限內。
- 你是個領導人，希望永保青春鬥志，也鼓勵別人這麼做。
- 你相信挑戰傳統智慧，即使那是你本身原有的主張。

- 你是個老師,不希望再教一門把你置於不可批評地位的課程。
- 你相信雖有 27 億人使用網路,但仍有 43 億人有待伸出援手、讓他們也能使用網路。
- 你不認同唯有富裕的人才能有影響力。

這並不是說,我們在某一天早上醒來就決定要成為 Z 世代。目前的世界人口不會支援這種突變。今天的人類仍活在過去 5 個世代,這裡頭存在廣闊的世代差異,出生在光譜這一端和那一頭的人,是出生在非常不同的世界,而不同的人對變化會有不同的反應。

目前發展速度愈來愈快的情況是,早期世代之間的差距正在穩定地縮小,未來世代之間的差距則幾近消滅。 Z 世代效應以兩種方法起作用。

讓科技簡單化是一件很難的事

Z 世代效應縮小世代差距的第一個方法是,透過新科技的簡單化和人人花得起(譬如行動裝置和平板電腦)讓跨越所有年齡層的人都能使用它們。但是科技簡單化是一條長久、複雜的旅程才得到的結果。最簡單的科技底下有極大的複雜性質,那是使用者看不見且不關心的東西。

以電子書為例,你或許發現幼稚園孩童和八旬樂齡退休老翁都捧著一本電子書。電子書其實有很悠久的歷史,第一本電子書在 1971 年,也就是網際網路之前,在古騰堡計畫(Project

Gutenberg）之下就問世了。古騰堡計畫的本意是把不再受到版權保障的書籍，建置數位線上圖書館。40 年之後，古騰堡計畫還存在，已經收納超過 4 萬本書。你可以在「Gutenberg.com」上點閱它們。然而，我們懷疑大多數人點閱過它，因為比起一路走來的電子書研發，它實在太落後了。19 年之後的 1990 年，索尼（Sony）試圖進入市場，推出電子書播放機（Data Discman），從唯讀記憶光碟上閱讀書本（大多是參考書），索尼電子書播放機比較像今天的手提電腦，而非電子書閱讀器。這是把未來和過去的組裝強加套在一起的典型案例。光碟是索尼從 1970 年代中期出生的後代。索尼電子書播放機比較新穎，最後和有相當大的螢幕可以閱讀的手提電腦對撞。

再隔 8 年，第一部真正的手持電子書閱讀器「火箭（Rocket）」才在 1998 年由美國新媒體公司（Nuvo Media）推出，後來慢慢演進為有點獨立的行動裝置。我們說「火箭」「有點」獨立，是因為你必須利用一條串連纜線（即今天「通用序列匯流排（USB）」的前身）從個人電腦下載你的電子書。

可是，電子書閱讀器仍然只是消費者市場上不起眼的東西。時間快轉到亞馬遜（Amazon）在 2007 年推出「點燃火焰（Kindle）」（此商品名稱原意是暗示結合書籍與智慧的熱情）。「點燃火焰」問世兩年之內，電子書閱讀器銷售量上升到每年約 300 萬組。然後在 2012 年躍升到約 2,000 萬組。

然而，達到這個高峰之後，怪事發生了。電子書閱讀器的銷售量開始下降，直到今天還跌不停。不是說電子書廣受歡迎

嗎？是的，但是電子書不等於電子書閱讀器。這裡就是簡單化把科技彈射到另一個更大的使用者軌道的典型例子；這是科技提供者正確搞出科技、卻把行為判斷錯誤的例子。

這也是我們搞錯的原因：用來說明科技擴張最常見的模式之一就是指數曲線模式。這個成長模式顯示並投射某一科技如何依據指數增長，在其使用、力量或能力的某些方面，隨著時間進展而散布。一般常說的摩爾定律（Moore's law）就是一個例子，它預測每兩年積體電路板上電晶體的數量會倍增。

不過我們把指數成長模式應用到科技時，出現一個瑕疵；也就是說，我們以為任何單一科技或裝置會永久循著指數曲線走。從來沒有這種事。反倒是多項科技循著所謂的「S曲線」走，我們將它稱為「力量曲線」。這些曲線最後會停滯，好比圖1-1的S曲線，而非J曲線。力量曲線不會一直走；它們緩步上升，然後快速斜坡上升，最後就逐步停止，通常也會墜落。

個人電腦和資訊科技循著S曲線或力量曲線函數走。每一力量曲線最後都會走到一個失速點、停頓下來，其效應即每個力量曲線都循著累積指數性成長率，漸進地借助前一道力量曲線前進。我們把這種累積效應稱為行為曲線。雖然特定的科技會繼續增進目前或許還不存在的計算裝置之速度、數額或能力，但藉由預測行為曲線，我們可以看到未來。

任何一項科技未能呈指數成長，這並不會停止多項科技對我們行為整體影響的指數改變。

再以音樂產業為例，卡匣磁帶取代黑膠唱片，然後它在

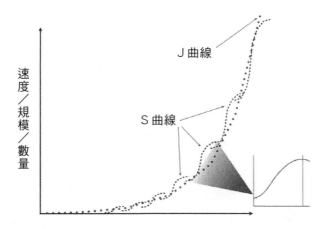

圖 1-1　力量（S）曲線 vs. J 曲線

個別科技，譬如好幾代的電子書，可能都有它本身的S曲線，最後會逐步停止和消失，但是整體的行為曲線代表科技的使用及科技的影響之累積指數性成長。問題在於科技提供者和市場持續看不到行為曲線，反而迷戀於特定的科技。

1990 年代初期被光碟取代，2000 年代初期數位音訊播放器（MP3）的數位格式又取而代之。你能下載帶著走的歌曲數量持續呈指數性成長，但是每種媒介走到它力量曲線盡頭時，你使用的裝置就變了。我們在圖 1-1 看到的結果是每項科技個別的力量曲線，它的累積效應是循著科技整體成長及其影響的指數曲線。我們把這種跨多個科技成長的持續能力稱為「行為曲線」。在第三章，我們會探討這一現象在過去幾年怎麼發展，以致造成我們永遠位於行為曲線的肘部或拐點。

　　想要利用 Z 世代效應，你需要了解行為曲線，你才能適時、

有效地從一項科技力量曲線，跳到下一個力量曲線。「Kindel Fire HDX」就是一個及時跳出力量曲線，回到界定行為曲線的下一個科技最好的例子。這項產品仍然能夠下載愈來愈大量的書籍，但它不再只是電子書閱讀器，它也是平板電腦，在作者執筆的當下，它也是市場上成本效益比最棒的平板電腦之一。

跳下原本的電子書閱讀器力量曲線，亞馬遜維繫「點燃火焰」經驗盯住購買電子書的趨勢，讓它成為行動裝置行為整合的一部分，不再只是個別、單功能的電子書經驗。亞馬遜比其他平板電腦更進一步強化經驗，並且以其「求救信號」按鈕支援行為預期。「求救信號」讓使用者可以直接取得對裝置的支援，不是只能和「點燃火焰」的顧客支援平臺說話；使用者可在「點燃火焰」上直接透過現場視頻和支援代表溝通。現場支援的功能有如 24 小時全天候科技奶媽，使「點燃火焰」用起來易如一按開關、燈光就亮，而且全無年齡鴻溝。最重要的是，它讓亞馬遜成為領袖，界定使用者經驗的下一個力量曲線。

現在再拿它和索尼走的路線作比較。雖然索尼推出它第一部電子書閱讀器，比起亞馬遜推出「點燃火焰」早了兩年，領先並沒帶給它長期優勢。亞馬遜跳下力量曲線時，索尼開始退出電子書市場，先關掉電子書書店，再把所有的使用者移轉給另一家電子書內容和裝置的領袖科博（Kobo）。附帶補充一點，索尼雖然已經退出電子書市場，在本書寫作時，它仍然活躍於平板電腦市場。

如此灰頭土臉退出市場，在索尼也不是第一遭。蘋果公司

（Apple）挾蘋果播放器（iPod）進入數位音樂市場，搶走索尼的支柱地位後，索尼偃兵息甲退出。索尼獨樹一幟的錄影帶「Betamax」輸給國際牌（Panasonic）的「VHS」規格後，它也選擇走上同樣的道路。如此斷然退出當然比循著力量曲線落到陳舊過時要好得多，但是它們無可避免傷害顧客感情，這些顧客可是對索尼的品牌投下信心的死忠粉絲！

有位署名傑夫（Jeff P.）的索尼忠心客戶在「goodereader.com」貼文，針對索尼宣稱一向以顧客為尊的公開信，發表以下的評論：

可惡！可惡！可惡！我從 2007 年 11 月起就是會員。我只用過索尼的閱讀器或平板電腦，這樣我才能使用閱讀器軟體。我曾經告訴營業員，我買的是索尼，我不需要延長保固。我擁有的每一種電子產品幾乎全是索尼製造。今後我再也不會買索尼任何產品。是的，你說以顧客為尊，而我現在就是第一個顧客要告訴你：你犯了可惡的大錯，我今後再也不會購買索尼任何產品。[5]

雖然亞馬遜和索尼都轉移到下一個力量曲線，即平板電腦，但亞馬遜的作法增強它的品牌所代表的意義，可是索尼卻是感受到失敗的壓力才去做。

停留在某一科技的力量曲線上太久，會製造世代差異，因為後續的科技之間其差異已經擴大。

試圖騎在力量曲線末尾的公司，當它下跌時，令人想到電影《奇愛博士》（*Dr. Strangelove*）最後一幕，康少校跨騎在核子炸彈跌出 B52 空中堡壘砲彈艙門，走向毀滅。差別在於康少校腦子裡已有堅定的目標，而這些公司卻只是隱入空洞的深淵。停留在長期的力量曲線，同時又能從一道力量曲線無縫轉移到下一個力量曲線，這是能掌握 Z 世代效應的企業之表徵。像亞馬遜這樣的公司能夠開發 Z 世代市場的關係，把科技引領給愈來愈多的群眾。透過不斷地簡化裝置和過程，它們方便人們從一個科技過渡到下一個科技，因而允許整個市場不因科技的世代分割，而相互合作並分享經驗。

若不一同成長，它就只是個技術

Z 世代效應團結起世代的第二個方法是，創造出一套嶄新行為，然後讓任何想在社會積極活動的人，不能不使用某種科技。換句話說，拒用這項科技會產生相當大障礙，不方便與其他人互動。這也是為什麼簡訊令人難以想像地成長，成為主要通訊媒介。據估計全球每天發送的簡訊，包括即時通訊和短信（SMS），高達 220 億則！[6] 根據皮優研究中心（Pew Research Center）的資料，「18 歲至 24 歲的族群，每天收發的簡訊數量平均為 109.5 則，是 25 歲至 34 歲族群的兩倍以上，更是 65 歲以上簡訊使用者的 23 倍。」

每個年齡層的人每年增加使用簡訊的則數約 30％，很大一部分原因是，你不發簡訊，你就會和許多同事、家人和朋友孤

立開來。但是這個行為將會改變，其方式會讓許多人和公司感到驚訝（透過彈射的現象，我們將在第四章討論）。艾文‧托佛勒（Alvin Toffler）在《未來的震撼》（*Future Shock*）中，說道：「我們感受到那些不注意之人的震驚。」

另外一點很重要，Z世代效應不是全然新穎的現象，它也不限於數位電腦問世之後的68年。事實上，在過去兩個世紀的科技創新中，它就以某種形式存在。

汽車剛問世時，很多人不敢開車，而駕駛人需要某種程度的本事和膽量。當時估計要有多少輛汽車才會使市場飽和，其依據的是估計會有多少專業司機服務大眾。今天聽起來，這似乎相當可笑，然而在1920年車禍致死率是現在的20倍以上，開車是風險很高的一件事。

今天的汽車不需要有太多知識就可啟動和駕駛，早期的汽車可不一樣，它們是相當複雜的機器。即使亨利‧福特（Henry Ford）的T型車，也有不下7種不同的控制器，你必須熟練，這可不是一件簡單的事；但數百萬人很快就學會它，只為了不要落伍、怕跟不上。今天我們視為理所當然的許多科技也是如此；我們不斷地學習、再學習，因為這是保持不落伍的唯一辦法。

你和祖父母輩之間的世紀所存在的許許多多世代的科技，可遠遠超過柏拉圖和古騰堡之間那兩千年的科技。

年輕人影響社會的能力也不是新鮮東西。19世紀就是如此，伊凡‧格涅夫（Ivan Turgenev）寫一本小說《父與子》（*Fathers and Sons*），描述年輕人在開始脫離俄羅斯傳統價值、傾向西方

價值之下世代之間的緊張；20 世紀也是如此，嬉皮抗議越戰，不信任年紀 30 歲以上的任何人，同樣掀起一陣浪潮。

從這些事例以來發生劇烈變化且提供 Z 世代效應作為基礎的，是行為、態度和意見受到媒體和網際網路擴大的方式。

這個世紀之前的社運分子必須吸引哥倫比亞廣播公司（CBS）或《紐約時報》的注意，才能把自己的聲音傳播出去。然而，Z 世代可就不需要如此。精心設計的推特活動（其實有時也不需要精心規畫）就可以創造出民意的火球，從佛羅里達州聯邦參議員馬可・魯比歐（Marco Rubio）代表共和黨就歐巴馬總統的國情咨文作回應時喝了一口水所引起的政治評論[7]，到有位女士在 2014 年索契冬季奧運自拍時無意間的喜劇[8]，都可以是新聞。

是什麼東西驅動所有這些變化呢？我們過去五年的研究，訪問六百多個年齡從 18～65 歲的各行各業人士，也調查數百個組織，它們都面臨多重世代的職員、各有不同的行為和態度，煞是頭痛。我們找出驅動 Z 世代效應的六股力量。這六股力量，即打破世代藩籬、網際網路高度互聯、高科技普及化、由財富轉向影響力、以世界為課堂、突破障礙，其構成 Z 世代行為的基石，是我們了解企業未來的第一步。我們將在以下六個章節逐一探討這些起影響作用的力量。

Z世代是一個選擇而非與生俱來

我們還在談論世代，那就錯失 Z 世代效應和本書的重點，因為世代是畫分人群的錯誤方法。我們說 Z 世代是最後一個世代，那是因為我們的六股力量（即打破世代藩籬、網際網路高度互聯、高科技普及化、由財富轉向影響力、以世界為課堂、突破障礙）劇烈地模糊和扭曲了共同經驗及世代之間的界限，很快地它再也無法有效區分世代差異。群組還會存在，但是他們的共同點不是年紀，而是共同的行為和經驗。以遊戲為例（在第六章會有更詳細的討論），遊戲玩家形形色色，年齡、種族各異，遊戲世界中涵蓋了任何人口分層別類。Z 世代也是如此，它跨越所有的文化差異。

我可不蓋你，青年的發展階段和我們依年齡分享的文化經驗，絕不會是過去式。就像從需要奶嘴到需要學步車一般，雖然我們聲稱好比現代奶嘴的平板電腦和電腦化的學步車之間的距離非常小，但生命各階段仍有一種經驗上的差異。當然，你和你的中學或大學同班同學，或是第一份工作的同事，仍然會有些特殊的共同經驗。

我們也不會說，從蹣跚學步到青春期典型的成長痛苦，會因 Z 世代效應而消失。我們及我們父母親所經歷的荷爾蒙和化學變化，也是我們子女會經歷的相同經驗。子女將會繼續讓父母親抓狂，因為測試極限和挑戰權威乃是發現和形成個人意識的天生部分。

但是，作為有建設性的共同工作之工具，尤其是作為了解世界在 21 世紀將會如何運作的工具，以 20 年為一個世代去診斷和回應行為趨勢，已經不行了。我們認為，大家都有機會，甚至可說是有責任，去採納 Z 世代廣大的時代精神。**重點是出生的年分不再是你的行為和態度首要的特性。**

　　我們的研究顯示，有一套跨世代的行為與態度出現，界定了 Z 世代。譬如：Z 世代愈來愈流行一種想法，認為使用網際網路是人人應有的基本人權，不是少數人的特權。根據「Internet. org」的統計，全世界仍有三分之二人口沒有機會使用網際網路，固然網際網路的滲透率在短短幾十年內就推及到 27 億人，但是全球年增率已降到只有 9％。

　　開發國家的網際網路非常普及、人人出得起錢取得服務，在經濟上的影響非常的大。麥肯錫公司（McKinsey & Company）有一項研究說，過去 5 年，網際網路在這些國家貢獻了 15％的國內生產毛額增長。這項研究也發現，由於網際網路提升工作效率而淘汰一個工作機會，卻會創造 2.6 個新工作機會。如果我們能為全世界其他 50 億人創造價格合宜的網際網路服務，你不妨想想看對開發中國家會有怎麼樣的經濟衝擊？

　　Z 世代大部分行為，將從「能夠連結起來是經濟成長的基本條件」這個態度下成長。對 Z 世代而言，這種執迷將跨越所有的、傳統的界限，包括民族主義、種族和政黨派別。他們的遊戲和他們的學習將發生在世界舞臺上，它將是自己導演並且建立新形式的全球共同體。

相信在 10 年之內,我們將會有便宜的網際網路,讓每個人不問地理或政治位置和經濟地位,都能基於個人利益而非他本地「部落」的環境,和其他任何人連結起來。其結果將是新開啟全球突破、創新和進步的時代,是人類歷史前所未有的。

雖然相當尊敬湯馬斯‧佛里曼(Thomas Friedman)許多著作,但不能不說他錯了。世界不是平的:世界是網際網路連結的,它既是無限的小,任何人隨時可與其他任何人連結起來;它也是無限的大,從高度連結產生的可能性無窮大。這就是我們所謂的「分布式匯合」(distributed convergence),同時可以高度在地化和高度全球化的能力。

了解到這一點,攸關到了解 Z 世代效應的力量。用簡單的話來說,我們要說地點(locality)仍然有意義,但不是以地理意識來說。地點是以你的興趣,而非你的地理或政治邊境來界定。就好比在一張紙的兩個黑點上添加第三度空間,你就可以用摺紙方式把這兩點連結起來,不必再於紙面上畫一道直線;高度連結使得 Z 世代可以找他們需要的任何人、任何東西去完成手上的工作。

雖然 Z 世代效應的全面衝擊可能要到 2025 年才會感受到(這是每一個人類都將擁有網際網路連結的最遲日期),但是就了解,並且準備好與抱持此激進新行為模式的這些人士並肩合作而言,我們已經落後了。

因此,我們姑且就從已經在影響我們世界的 Z 世代效應之六股力量開始起步。以它將如何重新塑造社會而言,第一股力

量也是最重要、最深刻的。它不像其他任何變動，會改變我們
個人、經商、政府在幾乎每個層面的思考和行動，而是在人口
分布上，迫在眉睫和激烈地從金字塔形轉變到所謂的摩天大樓
形。

行動篇

你準備好接受 Z 世代了嗎？

- 你是否經常依據認定某人屬於某個世代，而作出與他相關的決定和判斷呢？

- 如果你處於 Z 世代年齡，你將如何與其他世代互動？

- 如果你選擇成為 Z 世代，在你周遭還有誰也有 Z 世代的觀點？

- 設想一下，你個人有什麼實例是科技把不同世代聯結、團結起來，而非分隔開來。有多少次是由你主動提出的？

- 你有注意到 Z 世代的新行為嗎？你在摒棄它們之前，嘗試先經驗一下嗎？

- 你在表 1-1「Z 世代之前和之後的態度」中，落於哪個位置呢？

- 相對於個別科技的力量曲線，你的組織善於遵循行為曲線嗎？

- 目前有多少世代在你的行業裡工作呢？

- 在了解，並與多個世代一起工作和互動上，你做了什麼？

- 你的行業必須做什麼改變，才能在 2080 年同時應付 15 個世代呢？

- 你有沒有營造專業關係、平衡年輕人的精力和熟齡人士的智慧？

- 你是依據過去的局限而限制住未來觀，還是不斷測試這些限制，以便更能適應未來？

- 你的組織如何獎賞和激勵跨各年齡群組的職員？

- 你的組織是否接受工作之外的員工個人專業的驅動程式？

你要從「GenZEffect.com」接受全面評估，找出你是否已經準備好接受 Z 世代效應。

2

打破世代藩籬

未來，最妙的一點就是它一天一天地來。

——亞伯拉罕・林肯（Abraham Lincoln）

我們在這一章將替 Z 世代效應先定下基礎，然後再深入到人口結構的大變化，介紹人口金字塔的概念，並探討它們過去的狀況及持續的變形。我們也將介紹影響力和財富金字塔，說明如何避免掉入人們常失足的世代陷阱，並且探討「代溝」是否合理存在，以及透過超越世代界限的前瞻，找出縮小差距的方法。

2080 年將是非常特殊的一年。不是因為它科技驚人，屆時的科技毫無疑問與今天相比已經領先若干光年之遙，而是因為它將是人類有史以來第一次，從新生兒至 65 歲熟齡人士，以每 5 年為一個年齡層，每一部分的人數都幾乎占全球人口相同的百分比，即 6%。

這個近乎完美的對稱人口分布，稱之為摩天大樓型，這在過去絕無前例，其存在將與人類有史以來即已習見的金字塔型全球人口分布，呈現鮮明對比。

金字塔結構普遍存在於我們所有的社會體制中，從教育到經濟、政治，莫不如此，毋怪乎我們跳脫不開這個直觀的隱喻去思考。過去五千年來，金字塔彷彿就是思考世界如何運作的本能思考框架。我們甚至很難想像如何才能開始掙脫這個定型的社會模式。可是，全球人口的根本變化走的軌線正往那個方向發展，不管我們是否準備好了。

人口金字塔的終結

不論你往過去回溯多久，每個文明似乎都有個傾向，走向類似金字塔型的人口分布。除了發生重大天災、飢荒、疫病和戰爭的例外狀況，長期以來人口金字塔一直相當穩定，有時膨脹、有時收縮，但總是恢復成為金字塔形狀。

有兩個簡單的因素造成人口金字塔。第一是隨著年齒俱增，每個年齡的凋零率（統計學家講的比較直白，逕自稱之為「死

亡率」，以某一年齡在某一時段每千人死亡人數的函數呈現）。在隨後的每個年齡層，每個人往金字塔頂端攀升，最後就被減掉。簡單地說，所有人都從底部就進入人口金字塔，當年齒增長、走到頂端時就退出了。

然而在過去二百年，因為有更好的健康照護、衛生條件改善、有更乾淨的水源，也有更穩定的糧食供應，所以這第一個因素「死亡率」在每個年齡層都在穩定地減少。請記住，死亡率降低是因為嬰兒夭折率降低及疾病控制改善使然。它明顯不是消除了夭折率；整體死亡率並未降低，它永遠是 100%，因為即使我們到達人口金字塔頂端，我們終究全都要退出。目前我們暫時不談增加死亡率的其他因素，如上述的天災、全球疫病等。

第二個因素是金字塔底部的絕對成長率（統計學家稱之為「淨成長」，即在某一時期內，從每千人出生數減去每千人死亡數所得到的數值）。出生率增加，底部人口也增加，因為在人類史上大多數情況是出生者人數一向超越死亡者。結果就是整體人口增加，我們也就有了更大、通常也更廣大根基的金字塔。這正是我們所見到的，全球人口增加逾 3 倍，從 1804 年的 10 億人，增加到 1950 年的 35 億人，然後從當時到現在，又翻了一番。稍微思考一下這點：**花了約 7 千年之久，全球人口從數百萬人繁衍至 10 億人；大約 150 年，增為 3 倍；再過 60 年，又翻了一番。**

過去 60 年，我們看到全球人口出現完美風暴，包括嬰兒夭

折率大幅下降，享有更良善的健康照護、乾淨的水和糧食、增加壽命期的提升，以及擴大享有全球經濟的利益。所有這些東西在已開發國家開始生根了，它們也逐漸在幾乎全球每個主要地區反映出來。其結果就是，雖然整體人口仍然成長，但全球人口金字塔底部的成長已經趨緩，相對地是向上部擴大。

現在我們姑且做個簡單的思考試驗，想像一下我們往 2050 年前進時，人口金字塔會是什麼形狀？你腦子裡浮現什麼樣圖像呢？

以全球規模而言，其結果是很驚人的。在未來 80 年，我們將會看到全球人口金字塔重新塑造成近乎完美的摩天大樓形狀。

如果你先不考量這個現象的長期意義，但它還是值得關心。譬如，當金字塔上端三分之一的增長率，相對於金字塔其他部位來得快，長期以來的社會福利概念要如何繼續存在下去？原先的許多社會福利制度的假設有瑕疵但沒人去質疑，直覺地認為中產階級一直會成長，他們會支撐人數日增，但居於頂端三分之一、相當少數的老人和退休人士。以我們這種世代制度的政府而言，很簡單的經濟後果造成的缺陷就是，全球人口重新分配出現無數的其他社會影響。要了解人口重新分配有多麼深刻，讓我們檢視一些提供從金字塔形變為摩天大樓形的根本數據。

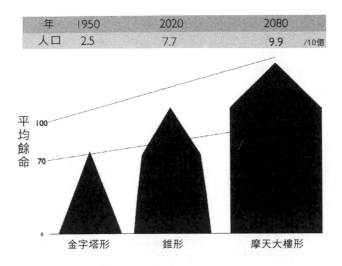

年	1950	2020	2080	
人口	2.5	7.7	9.9	/10億

平均餘命 100 70 0

金字塔形　　　錐形　　　摩天大樓形

圖 2-1　從金字塔形變成摩天大樓形

直到 1950 年都存在的傳統全球人口金字塔圖形，已經有了相當的變化。金字塔形經過許多世代的推進，逐漸演變為中間寬胖的錐形。但是錐形只是過渡期的比喻，我們進入未來恆常的結構狀況，即世界上存在 100 億充分就學、完全互聯的人類。我們如何經歷此一過渡，這將有可能界定未來一千年的社會。（每個形狀的相對規模，如金字塔形、錐形和摩天大樓形，皆反映人口的相當增長。）

打造摩天大樓

　　如前所述，到了 2080 年，全球人口趨近一百億，從 0 歲到 64 歲以每 5 年作為一個年齡層，每一層的人數實際上將約略相等，各占 6％左右，即 6 億人。在美國，同樣現象將出現在 2020 年，同樣的年齡層人口分布彼此將只有 1％左右出入，占比都在 5.5 ～ 6.5％之間。

拿 2080 年全球人口分布形狀與圖 2-3（即 1950 年，進入嬰兒潮世代剛 5 年）全球人口年齡分布作比較，我們發現當時的年齡分布猶如清晰的金字塔，從世界人口的底部 14%，到 65 歲者約占 2%，而全球將近一半人口的年齡不到 20 歲。

　　這種改變不是全球孤立現象。此一人口狀況同樣戲劇化的趨勢實質上也反映在每個已開發經濟體。即使目前還落後、低度開發的經濟區域，如非洲大陸和印度次大陸，也將在未來 50

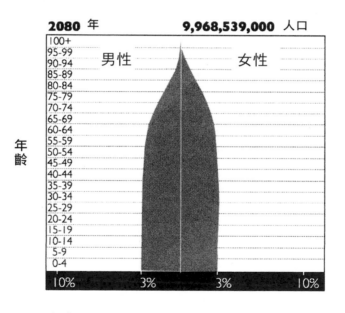

圖 2-2　2080 年摩天大樓形全球人口依年齡分布情形

摩天大樓反映，從出生至 4 歲，到 60 ～ 65 歲，以每 5 年為一年齡層所呈現的人口分布，幾乎每一年齡層都相等。

年內追上這種分布情況。長期的影響已無法否認。到了 2100 年，全球依年齡別的人口分布將更像摩天大樓形，而非底部廣大的金字塔形。

當摩天大樓形底部的年齡層成長趨緩，愈往上的年齡層因性命及職場生命期上升而腫脹起來，在這現象之下，我們將開始在許多界定特質上經歷鮮明的改變，這些界定特質允許我們畫一條世代界線。

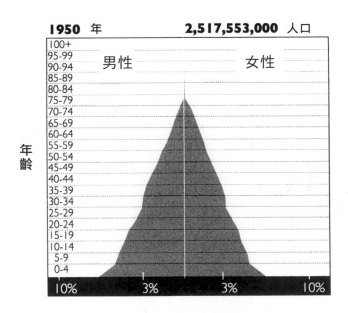

圖 2-3　1950 年金字塔形全球人口依年齡分布情形

金字塔形反映典型的人口分布，從出生直到 80 歲以相當標準的速率變為錐形。

當我們談論人口金字塔底部時，必須先作些說明。如果要清楚地談論有關影響力，那麼如何界定金字塔的組成部分（即底部、中間和頂尖）就十分重要。在我們討論中，將把金字塔的這各三分之一部位視為代表全球人口的三分之一，也就是在撰寫本書時，大約各為 23 億 3 千萬人。

最重要的是，我們不只是在討論財富。英國國際慈善救助聯合機構「樂施會（Oxfam）」已經報導，全世界前 85 名巨富的財富相等於全球最窮的 35 億人財產之總合，這些窮人有許多本身無辜、毫無選擇，連人類最基本的必需品，如衛生條件、乾淨的水和健康照護等都付諸闕如。根據財富的分布和密度，金字塔底下一半的人其財富總額，只等於名列尖端的百分之一人口的再百萬分之一的人士之財產（實際百分比是 0.0000012142857％）。

我們再舉個比方，請看圖 2-4；如果全球人口等於吉薩大金字塔，全世界最富有的 85 人可以擺進小孩的一個沙桶裡，大約是金字塔的一立方英尺。以金字塔而言，他們的財富是 4,400 萬立方英尺，亦即一百層高的一英畝土地。

如此討論財富不均時，我們通常忽略掉這個金字塔底部的 35 億人，其財富累積起來也很大，只是他們沒有什麼能力集體發揮影響力。

我們要看看人口是因為，畢竟這是 Z 世代相當不同的地方，他們可以發揮影響力。Z 世代相當強大。他們可以利用網際網路此一內建的媒介管道連結到數十億人。他們也曉得如何擾亂；

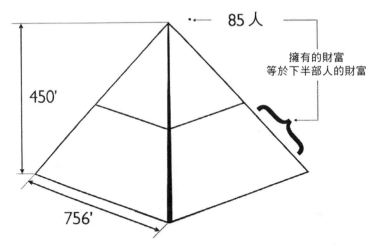

圖 2-4　人口與財富

假設世界人口就像埃及的吉薩大金字塔（Great Pyramid of Giza），那麼頂端那一點代表 85 個人，比金字塔總量的一個小沙桶都還小，可是他們擁有的財富等於 35 億最窮的人（即構成金字塔下半部的 4,400 萬立方英尺）之財富總額。

也就是說，如果他們所求未遂，他們曉得怎麼搞亂。可以說，他們把一切都看作天生有權利要求，也可以說，他們被寵壞了。隨便怎麼說都好。事實上，當影響力分散在全部人口、而非集中在少數時，其效應是幾乎每個既有體制，包括社會、企業和政府，其平衡的力量都會被擾動。

　　這種擾動不只是受到當代所謂數位差距概念所點燃，也受到能夠進出參與世界經濟和未能進出參與世界經濟，這兩種人之間巨大的經濟差異峽谷的影響。數位上不能連結上，即代表經濟上連結不上。**最後一次在世界上看到接近目前全球財富懸**

殊現象，是法國大革命之前；那一場暴亂造成法國 4 萬個最有
錢有勢的男女人頭落地。

　　我們如今又處於全球經濟最危險的交會關頭。那麼，這和
Ｚ世代效應又有什麼關係？我們估計這關係可大了。對Ｚ世代
而言，差別在於與過去歷史上任何時點都不同，今天煽動變化
的能力不全然由財富程度決定，而是逐漸由影響力決定。這種
影響的能力創造出全然不同的社會動態關係，我們將會在第五
章更深入討論。它不僅讓社會更加透明，也讓那些被噤聲、沒
有影響力去挑起社會議題而愈來愈憤怒的人，也可以發聲講話。

避免世代陷阱

　　Ｚ世代效應的核心即是重新思考年齡影響我們行為和態度
的方式，我們才好避免陷入僵硬的世代分類的陷阱（也就是指
這種迷思，是藉由減少他們的作為來分散和分隔世代，而非把
焦點放在基於年齡的多樣性和包容性的好處上）。

　　在大學的研究所階段，學生通常都擠在相當狹隘的年齡範
圍之內。他們不是從大學本科畢業後就直接升上研究所，就是
有了約五年工作經驗後回校深造。因此大部分研究生年齡在 20
好幾、近 30 歲，少數在 20 出頭，而 30 出頭的更少。就大部分
情況而言，他們有相同的經驗和社會脈絡，因此他們的對話、
個案研究和興趣都類似。但是過去 10 年的某個時點，情形開始
改變，而且是巨幅改變。許多學生開始在就業相當久之後才回

校重拾課本。

　　有史以來第一次，教授不是教室裡最年長的人。今天的研究所，學生來自許多不同的年齡層。除了第一幕的傳統受教育和第二幕的傳統就業工作之外，許多 5、60 歲的人正在踏進人生的「第三幕」。「第三幕」絕對不是為了某些超過某一年齡仍希望工作、需要工作的少數人而賦予的漂亮名詞。根據我們的研究，總人口中有 29% 的人並不預期會退休；對此，22 至 32 歲的人增加到 37%。別認為這是因應經濟需要而產生的趨勢；固然工作職場上有許多人因為 2000 年代初期及末期的不景氣而受到牽連，但還有另一個重要因素，也是前面所提到的，就是因為地點和年齡都不至於妨礙我們工作的能力，所以可以工作得更久。

　　事實上，我們質疑「退休」的本質，並且強烈感受到這也是過時的名詞和概念。打從 1950 年以來，出現一道明顯的趨勢線，指向人的平均餘命和工作壽命兩者之間差距在縮小。兩者都在增長，但工作壽命的速度卻比人的平均餘命稍快。[1] 這固然不代表我們在已經死了之後的某一時點還在工作（至少這不是本書要說的），但它倒是凸顯出一個重要趨勢，即挑戰某些最基本的世代概念，譬如退休。

　　如果你想的是「且慢，我要退休啊！我期望要退休啊！」那就搞錯重點了。對於 Z 世代而言，退休不是依時間順序排列的分水嶺，並非表示工作停止、享福開始。不論工作是為財務上的需求或個人的成就感，Z 世代既不預期也沒必要脫離工作。

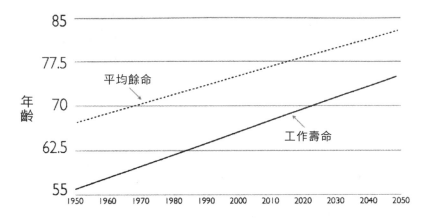

圖 2-5　平均餘命和工作壽命的增長

人的平均餘命和工作壽命都在增長，不過工作壽命的速度卻比平均餘命稍快。趨勢線縮小顯示長期趨勢走向平均餘命和工作壽命未來一百年內會合併。

他們只是進到人生新階段，工作與休閒之間的平衡，或是背後的目的也許有所改變而已。因此我們才偏好用「第三幕」這個詞來描述人生又一階段，這時你的工作地點和規則可能會變，允許你整合和平衡工作，當作是生活中有意義的一部分。

代溝和其他迷思

當我們試圖超越純粹世代的術語去思考時，會掉入的最大陷阱是，有個明顯無法跨越的代溝。在討論世代之間的差距縮小時，最常出現的一個錯誤觀念是，彼此一定有代溝存在，而

且它一直都是世代之間無可調和的緊張和摩擦的源頭。畢竟，會出現代溝只是反抗權威、在思想相同儕輩群體中尋求個人自主認同的自然結果。

我們覺得很有意思的是，即使「代溝」一詞在文化上已經被普遍接受，其實並沒有人去考究它的源起或意義。這個字詞似乎源自 1960 年代，用以形容動盪時期產生的緊張狀況，當時的嬰兒潮世代逐漸長大成人，以相當公開及粗糙的方式反抗當時的既有體制。同時，電視開始扮演重要角色，影響社會和政治情緒。結果擴大了兩個世代之間價值觀的差異，即一個生長在相對隱姓埋名的世界，另一個則受推動敢於公開表達自己的思想。

這個詞透過文化人類學者瑪格麗特・米德（Margaret Mead）而大為流行。然而，即使米德本人對其運用也有所持疑。瑪麗・鮑曼柯魯亨（Mary Bowman-Kruhm）所寫的《瑪格麗特・米德傳》（*Margaret Mead : A Biography*），描述這個字詞的源起，以及米德對其用途所持的保留態度：

> 米德或許不曾創造「代溝」這個詞，但是她使它流行起來，用以描述出生及長大於第二次世界大戰前後的人之間歷史感的差異。她後來覺得這個詞不好，「時代差距（era gap）」更能代表文化在快速流動狀況下所發生的衝突，但是這時候「代溝」此一漂亮措辭已經深鑄民眾意識。[2]

因此，在接受或排斥代溝這個詞之前，我們先想想為什麼它會存在，以及它有什麼正面效用。首先，如前所述，我們不希望貶抑青春期及其許多變化，從化學及荷爾蒙到我們思想的重新調整，對我們的發展起重大作用。

　　年輕人有非常寶貴的活力和觀點，超越了態度和經驗。我們不打算改變它，其實我們也改變不了它。年輕人的思維有缺點，也有機會，它更能開放接受（或者可能更能遺忘）嘗試和冒險所伴隨的風險和不確定性。

　　然而，我們不相信年輕人和老人思想的差異是我們發展出代溝這個社會概念的首要原因。有了鴻溝代表在差距較近的人這方（即年輕世代）可以創造可認同的社群，在這個社群中他們可以為他們的思想找到保證而安心，以及取得能力。不論它的標籤是嬉皮、X世代或千禧世代，如果你是那個世代的一部分，你現在就隸屬於一個思想、理想、價值和信念的社群。這和你是某個政黨黨員，因此你接受它的黨綱，沒有太大不同。

　　但是你從這裡可能看到缺陷。不是每個保守派都相信有權攜帶武器，同樣地，也不是每個自由派都認為不該賦與擁槍權。社群固然套用起來很方便，但是當它以太大一把刷子畫下時，當作身分認同的方式，則它是有瑕疵的。

　　那麼，是否有別的方法？首先，我們需要認知，在近期內我們是和5個世代生活、工作在一起，隨著時間進展，我們所謂的微世代現象將完全模糊掉世代之間的界線。我們交談的領導人，他們認知此一趨勢，專注在以同理心和高度個人化的方

式與其員工和市場溝通。其次，我們需要設法百分之百和我們的員工和顧客接觸交往。這是一個很崇高的目標，但是已有許多公司以此為它們的宗旨目標任務。

凱悅酒店的故事：凌駕世代之上的聆聽

凱悅酒店集團（Hyatt Hotels Corporation）成立於 1957 年，至 2013 年 12 月為止，旗下擁有柏悅（Park Hyatt）、君悅（Grand Hyatt）、凱悅嘉軒（Hyatt Place）和凱悅嘉寓（Hyatt House）等品牌，全球共有 549 家旅館。它的人力資源長羅布·韋伯（Robb Webb）和我們談到凱悅酒店使用高度個人化的方式處理世代問題，以及公司看到的機會與挑戰：

傳統上，公司習慣把員工，好比說凱悅的九萬名員工，看作是一群同質性的人，不問其年齡，期待以相同方式對待。有趣的是，我們這些管理工具全都為同質性的員工而設計，不論它是否同質性；即使我們看得到它們可能沒有我們相信的那麼有效，我們還是繼續使用這些工具。

譬如說，凱悅很重視長期任職、效忠，以及一群非常棒的員工。我們舉辦任職週年慶，但是有相當多員工可能沒把它當作一件大事。我們希望保留優秀員工，但是我們也希望對工作態度的改變，以及對員工的個別而非一般情勢，保持同理心。

韋伯發現對於世代的傳統觀點，有許多包袱必須拋棄，這些包袱大多涉及到伴隨世代標籤而來、對行為與態度已經先入為主的一套觀念；其中有許多是我們深信不疑盛行於世的既定印象。

問題似乎出在許多人在談論世代時，犯了在談論性別時相同的錯誤。我是不曉得你怎麼想啦，不過我認為男性和女性不會完全一樣。千禧世代也是如此。我們似乎一直在告訴他們：「我們期待你會這麼做；你不會希望在任何地方工作超過兩年以上；你應該多內省；你會覺得應該享有權利。」有這麼多既定印象，對人們並不好，因為固然世代有一般的特質，也受到他們成長的環境影響，不過他們仍然是個體，會有不同的反應。

只是說把世代當作一個面向看待會有問題，還不夠。你還需要弄清楚如何給予人們工具，幫助他們掙脫這些既定印象。

在君悅酒店，他們採用同理心面試法，這個技術源自「設計思考」。「設計思考」這個工具是以人為本去解決問題的方法；觀察人們在實際場景下的反應，以便了解如何設計更好的產品、經驗和環境。它完全不同於典型的設計方法，後者通常只是替已經由工程師設計出來的產品打上漂亮的花結而已。

設計思考源自於「IDEO」、「Continuum」等公司，但是逐漸跨出產品設計，運用到全世界許多組織和各種不同產業。凱悅酒店會走上這條路是與史丹福大學設計研究學院合作的結

果。此學院成立於 2005 年，作為專門開發創意的商學院，作為著重數量、數字、右腦型的傳統商學院之左腦模式。韋伯說：

　　我們所做最有趣的一件事是與設計研究學院合作。他們的設計思考方式，我們奉之為「凱悅思維」，它教會我們實用及傳授同理心面談，當你接觸來自不同背景和世代的賓客或人們時，這非常非常的重要。透過同理心的聆聽和面談（你不因為某人屬於某個年齡，就猜測他要什麼、喜歡什麼），你要開口問和觀察。這是很少有的幾種方法之一，讓你有機會超越本身的經驗和既定印象去多了解你的顧客或員工。

　　「凱悅思維」是一種非常不同的方式，我們用來與顧客及彼此互動，它的確強調以人為本，替對方設身處地想，了解他們的經歷。我認為當我們跨世代互動時，它是特別有價值的工具，因為你被教會使用這個方法去問非常開放的問題，而不是「領導見證」。對我來講，它實在令我大開眼界。

　　我們在凱悅酒店，非常執著注重顧客經驗。透過更直接聆聽顧客的需求，我們有許多機會認識到我們及旅館業界，在什麼地方未能提供最佳的可能經驗，以符合顧客的期許，而不問有什麼預先界定的世代界限。

　　我們超越對千禧世代或嬰兒潮世代的關切。我不想活在世代窠臼中，我們在凱悅也不希望如此。

　　如果你真心關懷某人，你會找出他們認為什麼最重要。我認為這是超越世代的，因為我不認為有哪個世代不希望被關懷。

韋伯非常熱切想要超越世代虛構，不肯讓它妨礙與凱悅酒店顧客及員工百分之百的溝通，不問他們的年齡差異。反之，他和凱悅酒店團隊接觸員工的方式著重員工的需求，不是只求公司一以貫之的方式領導他們。韋伯對我們講了許多同理心的重要性，其中一個故事就呈現出此一態度：

《財星》雜誌最近指名凱悅酒店是最值得為它效勞的百大企業之一。

我翻著《財星》雜誌，翻到我們刊登的廣告，當然上面有芝加哥柏悅酒店門房安東尼奧的照片。我真的很欽佩他，希望祝賀他出現在雜誌上。

我找出我們把這一頁廣告放大做成的大海報。我抓了海報和雜誌，打電話到柏悅酒店，確認安東尼奧有在上班。我開車到飯店，一接近大門，安東尼奧上前迎客。我說：「嗨，你瞧這是什麼？」然後我打開海報給他看。

他不敢置信地看著海報：「這可當真？」此時有一對夫婦客人走出飯店，看到我拿著的海報，再打量一下安東尼奧本尊，然後說：「這是你嗎？喔，恭喜喔。」夫婦倆都和他握手。他有點靦腆不好意思。

我說：「這張海報送你老爸。這本雜誌送給你，我辦公室裡還有一本，哪一天請你為我簽個名。」

隔了三天，我想：「我必須回去請安東尼奧在雜誌上為我簽名留念。」

我沒把它當作是一件大不了的事，安東尼奧可能也忘了它，但是我要讓他知道我關心。我到了柏悅酒店，安東尼奧第一句話就問：「你帶來了嗎？」我立刻回答：「就在這兒。」

　　他把手伸進口袋，我以為他要掏筆在雜誌上簽名，不料他掏出一張摺得整整齊齊的紙，拿給我看。他說：「我一直在練習我想說的話。」

　　我不敢相信地看著這張紙。他寫了許多字，畫掉又重寫，一長串的。我可以感覺到他費了許多心思去寫它。我的第一個念頭是，謝天謝地，我回來了，因為要他簽名可以是隨口說說而已呀。我的第二個念頭是：「這就是為什麼我們如此重視凱悅思維。我們都為這一刻感到光榮呀！」坦白說，我還不敢斷言是誰最受到此一經驗感動。

　　這可能只是關懷同事的一個小動作，但卻是凱悅思維的精神。你不是一個世代、一個年紀、一個類型；你是一個人。我們都希望被當作一個人受到了解，而不是標籤。你曉得嗎？這個動作讓我一整年都覺得很舒坦。

　　我有好幾十次這樣的經驗。我學到且可以給的忠告是，透過預設的鏡頭看人，對誰都沒有好處。

　　凱悅重視了解員工，也重視了解顧客，似乎成效都不差。從 2008 年的不景氣到 2014 年第 2 季（本書撰稿時），凱悅的股票市值倍增，它也榮獲 2014 年蓋洛普最佳工作職場獎，這是連續第三年的佳績。很顯然，擅長和顧客及員工互動使公司獲

益匪淺。

拉近差距

固然有不同經驗的不同年齡族群彼此之間總是存在某種差距，差距的規模與如何準確界定社群有直接關係。**以年齡界定社群，代溝會很大。如果是透過深刻了解人們的興趣和行為而界定，它就會小很多。**

雖然依據非常明確的興趣和行為這種思維，可被解釋為在世代之間建立微差距，但我們寧可把它看作是建立更均衡、更有意義且最不採用年齡參數界定自身之社群的一個方式。這種比較不具世代意味的社群，其焦點就是我們所討論的 Z 世代傾向「超乎本地觀點」的意涵。結論是，我們不受年齡的代溝所界定，而是受到歸屬某特定社群的關聯所界定。同樣的情況是，有愈來愈多盛行的概念把我們和工作聯結在一起。

這種超乎本地方式最好的例子之一，就是遠端工作；對堅信唯有「在辦公室裡」才能工作的企業而言，這是一個有爭議的話題。能夠超乎本地，我們就可以不問地點，和社群聯結在一起。對許多人而言，自然而然形成的一個結果就是工作不再綁在某個地點。然而，雖然遠端工作有一部分涉及到技術、它允許我們超乎本地，但是它也涉及到行為的改變，例如：企業對員工有什麼期許、員工對企業有什麼期許，以及員工和經理人如何重新談判成功合作的條件。不論是傳統的辦公室或是遠

端工作的環境，實質工作場所的本質也是一個區域；而在這區域裡，關於有利工作和合作的環境類型，界定其態度與行為，在這點上世代界限已扮演重大角色。

雖然遠端工作過去幾十年已有可行性，一直要到近年因為連接有線數據機的網際網路、4G 網路、光纖網路連結到府，以及 20 億支智慧手機和平板電腦出現，才使得遠端工作在廣大勞工群眾中成為實際的選項。

如果期待你任何時候都能工作，公司又怎能堅持只能在工作職場工作的觀念？我們走的工作道路（一條是正式的辦公室，另一條是比較有彈性的遠端工作場合）受到世代思維和社會規範的影響。

有些意想不到的公司完全禁止遠端工作，包括雅虎（Yahoo）。它的執行長瑪莉莎・麥爾（Marissa Mayer）2013 年初規定，禁止員工全部時間在家上班。這道規定有如「全世界響起槍聲」，雅虎員工、矽谷，尤其是最近才從大學畢業的年輕人，莫不忖度麥爾活在什麼世界、怎麼會出現如此落後的決定。雅虎自命是創新者，可是把時鐘倒轉 15 至 20 年，尤其它號稱是位於矽谷的高科技網路公司，卻讓許多人大惑不解。有些人說這是遠端工作響起喪鐘，但我們認為，或許雅虎偏離遠端工作的趨勢，只為了它自身的目的。這個動作完全沒有改變整體軌道，朝向遠端工作的趨勢並未消退。事實上，「未來實驗室（Future Laboratory）」有一項報告甚至說：「近期內，『辦公室』這個詞將會過時，我們今天上班族所習見的單調環境將

會消失，新的工作型態會出現。這種新興的工作職場概念將加速彈性的工作模式，屆時朝九晚五的工作將愈來愈成為例外，而且不是常態。」[3]

然而，雖然遠端工作已經成為許多知識工作者的標準方式，它畢竟還未蔚為常態。我們和思傑系統公司（Citrix Systems）全球社群媒體負責人賈斯汀‧李維（Justin Levy）談到他所謂「工作轉變」的挑戰與機會。他談到思傑系統如何管理本身八千多名員工，以及他認為其他公司試圖找到正確方法處理其內部遠端工作所面臨的問題：

遠端工作不是沒有它的問題。我和不同公司遠端工作的人交談，包括個體戶創業家，到在類似思傑系統這樣的大型公司或甚至更大型企業上班的人，這個領域其實沒有太多人討論，大家並不了解。如果你大半輩子工作生涯都是坐在辦公室裡，有一天能走出辦公室，的確太棒了。若是換上坐在星巴克咖啡館、頭戴耳機，或是坐在自家沙發上，作為剛踏進全職的遠端工作，或是稍為改變日常工作的步調，偶一為之也都不壞。賦予員工能力、相信他們能自行決定在何時、何地、如何工作，是許多經理人仍然相當陌生的挑戰，甚至對於何謂「在工作」有不同想法的員工，這也是全新的挑戰。

我們在第五章會談到「由財富轉向影響力」，這裡頭或許會出現某種「理當如此」的心態。如果經理及高階主管一輩子

都在辦公室裡上班，那麼為何新進員工（不管他是年輕或年紀大）不該在辦公室裡上班嗎？改變這個觀念就是我們所謂 Z 世代的核心，未必看你出生在什麼年齡群，而是你有什麼樣的態度。譬如，如果你領導一家大企業，是否代表你必須以過去的方式去經營它？李維解釋說：

我們在思傑系統以小型公司心態經營它，不把它當作相當大型的企業。這是什麼意思呢？我們注重結果和兌現，這才是重點。你專心把工作做好，同時也確保利用時間照顧家人及本身健康，不論是心理或生理健康。工作與生活在今天是和諧並進的。

李維告訴我們，我們自己在許多組織也看到：「許多公司會說工作與生活平衡，但是它們真正的意思是側重工作，而非生活。現在有了手機和筆記型電腦，你在夜裡可以多做許多事。」

對 Z 世代而言，工作、遊樂和生活之間的界線很模糊。也就是說，你必須在特定時間、到特定地點工作，這種想法和必須找到公共電話才能打電話，一樣不可思議；進到辦公室才能工作，就和男生必須打領帶、女生必須穿玻璃絲襪才能進辦公室上班，一樣不自然。這些是隨著時代不同而起伏的社會常態；我們有必要再思考一下我們視為「正常」的工作方式。

另外還有一個常見的錯誤觀念，就是以為只有新創公司或

小型企業才能管好遠端工作員工。我們在過去幾年曾經和 IBM 員工談到，在這家員工近 50 萬人的企業遠端工作的能力。1970 年代至 1990 年代，IBM 常被人笑說公司全名為「我被調職了（I've Been Moved）」，因為 IBM 員工出了名的頻頻調動。員工及其家屬的犧牲很大，平均每十年至少調動、搬家兩、三次。

新近員工比較能接受出差旅行而非調動搬家，為了因應來自新人的這股壓力，IBM 在 1995 年改變作法，於維吉尼亞州諾福克市（Norfolk）發起實驗，允許員工在家或到顧客所在地「在外」遠端工作。公司對這項實驗不敢掉以輕心，特別聘請行為心理學家當顧問，研究文化衝擊，因為它曉得這將攸關到公司經營模式。初期實驗成效不錯之後，IBM 在全美營業部門推出類似作法，1996 年，它開始把遠端工作計畫推廣到國際各部門。

IBM 估計允許員工可以在任何地方工作這項轉變，導致生產力上升 50％，公司在不動產方面省下高達 7 億美元的成本，因為公司省下許多辦公空間：員工與辦公桌配置比例從原本為 4：1，變成 12：1。到了 2012 年，公司四十多萬名員工有 39％屬於遠端工作。多世代的影響也受到認同。根據聯邦政府總務局（United States General Services Administration）對 IBM 的研究，「此外，維持及支援成熟的工作團隊和年輕世代投效的關鍵印證了行動生活品質的好處。」[4]

最後，公司工作方式最大的挑戰是辦認公司領導人如何珍視「工作」。高階主管重視的是員工工作時數長短或是績效表現？支持遠端工作並不是因為它時髦，或是因為它方便員工；

它是一種文化轉變，改變了對辦公室工作的傳統標準，把焦點重新放到「工作」的實質意義。賈斯汀·李維又提供某些脈絡為我們詳加解說：

我們公司的結構是為結果導向文化而打造，也就是源自知名的百思買（Best Buy）的企業文化「結果導向的工作環境」（Results-Oriented Work Environment）。我們雖然沒有正式採用百思買的「結果導向的工作環境」方式，不過我們專注在結果。這是什麼意思？如果我替自己或我的團隊定下本季4、5項成長目標，重點是我努力完成它們，當然在本季過程中出現的其他事情也需要處理。我是要做它們，還是不去管它們？「每星期投入一百多個小時努力工作，或是出差了80天」，對員工不應該用這種標準去評斷。

當我們聽到有人辯論在辦公室上班或面對面工作，相對於遠端工作的利弊得失時，我們聽到的是人們的爭辯來自代溝產生的歧見，他們各自採用已經習慣的工作環境，作為其觀點的基礎。

既然幾乎工作的每一層面都已數位化、網路化，「我應該在哪裡工作」這個問題不再是受科技限制的問題。超級互聯已經拆除了工作環境的實質障礙和用來管理員工的一般標準。我們在下一章將會討論超級互聯，在沒有這些障礙、個人又有能力清晰地影響及測量自己對企業的貢獻之下，它使得問題變成「我如何才能做得最好？」

行動篇

向 Z 世代領導人學習

- 羅布‧韋伯，凱悅酒店公司人力資源長
- 史丹福大學設計研究學院
- 賈斯汀‧李維，思傑系統公司全球社群媒體負責人

你準備好接受 Z 世代了嗎？

- 你的組織有多少成分環繞著人口金字塔的隱喻和假設打造？
- 你的事業及其軌道有多少是環繞著典型的人口金字塔打造？
- 你的組織將如何準備迎接從人口金字塔轉變為人口摩天大樓？
- 你了解了並試圖避免在本章所列舉的世代陷阱嗎？
- 你計畫好進入人生「第三幕」了嗎？
- 不論是什麼形式，你都已經準備好在退休時仍有所貢獻嗎？
- 訓練營業人員和客戶服務人員時，你有運用同理心聆聽（像凱悅酒店）嗎？
- 你的公司了解員工希望被當作個體受到認同的不同方式，而不是使用一體適用方式嗎？

- 你有沒有認識及祝賀你的「安東尼奧」呢？

- 你對和員工交往接觸訂了什麼目標？你是以百分之百交往接觸為目標，還是有較低的目標？它對你公司的營運績效具有什麼意義？

- 你或你的組織涉及到遠端工作嗎？

- 你或你的組織專注結果導向的工作環境嗎？

你要從「GenZEffect.com」接受全面評估，找出你是否已經準備好接受Ｚ世代效應。

3

網際網路高度互聯：
從我到我們

人類將會環顧世界景象。
各式各樣的人與事物將會被帶到照相機鏡頭之內，
透過電子與數千英里之外電路另一端的螢幕相連。

──小約翰・艾福瑞斯・華金斯（John Elfreth Watkins Jr.）
〈未來一百年可能發生的事〉，《婦女家庭雜誌》（*The Ladies' Home Journal*），
1900 年

在本章將探討人與人之間愈來愈增長的超級互聯和裝置的擴散，以及什麼構成「裝置」的變動性質。我們也會討論 Z 世代活在上線和離線兩個世界經驗的挑戰，並且透過類似谷歌眼鏡等穿戴裝置明白地觀察 Z 世代。我們將探討「反向教導」作為管理企業內 Z 世代快速變化行為的方法之角色，深入探討思科如何運用「反向教導」制度。最後討論視覺化超級互聯社群網絡的重要性，以及它們透過提升生產力對組織提供經常看不到的價值。在本書最後，將提供一份附錄，給希望在自身組織推行「反向教導」的讀者作為參考。

不論你喜歡或不喜歡，我們都住在難以想像超級互聯、資訊飽和的世界，而且不間斷地遭受愈來愈多資訊和刺激的轟炸，我們已有嚴重的全球注意力不足失序的毛病。

● 全世界開通使用的手機數量超過全球人口。
● 50％的人還沒下床就先檢查電子郵件。
● 60％的人睡覺時，行動裝置就擺在我們床上或旁邊（其中79％年齡不滿 50 歲）。
● 70％的網路使用者，透過社群媒體和電子郵件的線上接觸次數，平均每 9 個月增加一倍。
● 我們每天平均花 5 個半小時在網路上，而 22 ～ 32 歲這個族群更有 40％的人每天掛在網路上超過 13 個小時。
● 目前全球上網人口為 27 億人。
● 我們另外連結到 500 億個和網際網路連接的裝置，從監視照相機到裝戴裝置、自動汽車，無一不包。
● 每天有 2.5 百萬兆位元組資訊被創造出來。

　　這張清單很讓人咋舌，卻讓我們正視它，我們的感官因超載而變得已經麻木，上面列舉的一些數字可能不會讓你有感。

　　在這個脈絡中把發生在我們周遭的事貶抑，譬如伴著智慧型手機睡覺，很容易聲稱它是怪癖行為或是年輕世代幹的事。固然我們的研究顯示，不同年齡層的人對這些行為的程度有差異，但是差異並不巨大。事實是，我們針對跨年齡層的人士所

做的調查，絕大多數的人在如何使用新科技時都會採行新的行為。過去通常客戶問我們，需要多少時間一項激烈的新科技才會流行開來，我們會開玩笑地說：「你必須等到整個世代凋零，他們才會不再阻擋變革。」我們已經接受真正激烈的變化只會伴隨著新世代出現，有不少人也的確如此。

偉大的思想必須由前人世代累積、猶如攀登聖母峰般的文化遺產。歷史上，大部分真正突破性科技，如無線電廣播或電話，[1]需要約 50 年才能真正達到全球滲透，也正因為一般需要 50 年時間一個世代才會凋零，帶著他們陳舊的思想退出。

1990 年代末期、2000 年代初期有個流行極廣的迷思，那就是科技之所以滲透全球市場更快，是因為每種嶄新且突破的連結方式只需更短時間就能達到 5 億全球使用者。譬如，據說無線電廣播、電話、電視、有線新聞和手機，分別需要 38、25、15、7 和 5 年的時間推廣到使用大眾。[2]然而，你若對此一趨勢加上三度空間立體繪測每項科技滲透到全球人口的百分比，你會發現一個很嚇人且很沉重的事實，那就是在這些科技當中，只有手機能在問世頭 50 年裡達到超過世界人口的一小部分。

在這個脈絡中，辨認出擋住世代抗拒的巨大變化，而採取可以跟上新科技的行為，是很容易的。這已經不再是事實。本書寫作的當下，網際網路已經有全球 30％的人口使用，這個數字遠超過相同時間期限內所有的人類現象，連全球流行病都不及它屬害的傳布速度！如果我們看到圖 3-1 的趨勢，就很容易了解在未來數十年超級互聯的影響會有多麼巨大。

本書作者之一湯瑪斯‧辜洛普羅斯（Thomas Koulopoulos）在前一本著作《雲端衝浪》（Cloud Surfing）中提出，過去二百年對全球成長、繁榮和社會、政治變遷貢獻最大的一件事是，連結的巨幅增加，尤其是機器對機器連結的快速增加，亦即一般所謂的萬事萬物互聯上網。《雲端衝浪》出版時，預計到了2020年，連結到網際網路上的裝置，數量將為700億。然而，這個估計還沒有計入我們估計在2020年時將會存在的另外3兆個智慧感應器。此外，我們迄今所經驗的仍是個別、在地化和分隔的連結增加。但是，倘若所有這些各自分隔的連結突然變成為單一的、相互連結的整體，而且和諧的運作，那會是什麼狀況？愈來愈多裝置和感應器直接連結到網際網路，它們相互連結的容易度會巨幅增加。原本不是設計來運動的裝置，突然間彼此連結起來。你的智慧型手機、汽車、穿戴式健康偵測器和許許多多其他裝置突然間能夠分享有關你及你的行為之資料。沒有人設計這些裝置要互相合作，但這並不表示說它們能夠相互配合就沒有巨大且尚未開發的價值。

所有這些裝置彼此產生連結，正是這麼多數量的裝置能夠連結的直接結果。每增加一項新裝置，我們就增加既有的所有裝置可能連結的數量。換句話說，如果我們已經有10億臺裝置，然後再加一個連結上的裝置，我們就創造另十億個可能的連結（即把新裝置與每一臺已存在的裝置相互連結起來）。[3]很明顯，數學上的可能性遠遠大過實際可用的連結之數字（譬如，我的牙刷不太可能需要連結到我汽車輪胎的壓力感應器），但要說

的重點是，事實上，我們還不知道這些可能的連結有多少是實用、有益或有價值的。

當你在網路上加一個節點，超過第一個節點以外的每個連結實質上就釋放開來了。換句話說，如果你買一支手機或智慧型手機，你不是依據可能打給多少人來付費。而你只付手機的錢及實際的使用量。

記住這一點以後，假如我們把討論的焦點從全部可能連結的數量，轉移到裝置的數量，也就是超級互聯大爆炸實質的決定變數，那會是什麼樣的狀況？這一點很重要，因為裝置和假設性的連結不一樣，各個裝置的使用都需要有個原因，即使只是買來玩「憤怒鳥」，也算是用途呀；也就是說，你不會沒有用它的理由，就去買一支手機或一臺電腦回家。

如果把從電腦主機出現至今的「用戶電腦應用裝置」數量區劃出來，就會出現一個很驚人的情況。（為了前後連貫，我們採用「用戶電腦應用裝置」這個詞代表一臺電腦能支援使用者的人數。以一部主機或迷你電腦來說，一部電腦可以支援數千名可能的使用者。而一臺個人電腦或智慧型手機只能支援一位使用者。）**自 1960 年起，「用戶電腦應用裝置」的總量每10 年就增加一級數量級。**

若假設一臺主機或迷你電腦可以支援幾位使用者，就等於有幾個裝置，而一臺個人電腦、筆記型電腦、平板或智慧型手機算作單一一臺裝置，那麼 1960 年電腦應用裝置數量為 100 萬臺，1970 年為 1,000 萬臺，1980 年為 1 億臺，1990 年為 10 億

臺，2000 年為 100 億臺，2010 年為 1,000 億臺。附帶說明，圖 3-1 的趨勢沒有包括我們談到的數兆個感應器和 2014 年交貨的 250 億組微控制器（基本上這些是用在汽車到醫藥的數千種器材的晶片）。

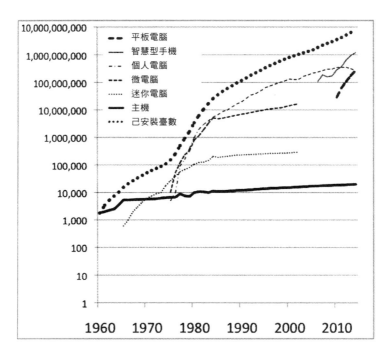

圖 3-1　電腦成長（對數刻度）

所有電腦應用裝置的「已安裝臺數」總數這條線（包括電腦主機、迷你電腦、桌上型電腦、智慧型手機和平板電腦），顯示裝置的數量每 10 年增加一級數量級，即使個別科技可能逐漸停止（譬如，電腦主機和個人電腦已經式微），或是被完全淘汰（譬如，迷你電腦及微電腦）。

圖 3-1 最上方那條線已經相當陡升，如果它繼續以此一軌跡前進，到了 2100 年我們將會到達幾乎無法想像的數字，即擁有 1,000,000,000,000,000,000,000，也就是 10 的 21 次方的裝置。

　　我們姑且作一番比較。**估計全世界海灘有 7.5 乘以 10 的 18 次方的砂粒，而它還不及預估在 2100 年裝置總數量的 1%。**

　　這聽起來實在不可思議。除非我們重新思考「裝置」這個詞指的是什麼。譬如，你現在每天生活裡有幾個裝置在運作？很多人很震驚地發現，他們個人已經擁有數百個專用裝置或已經內裝在他們擁有的東西之內的裝置。譬如，以表 3-1 這份清單為例，你可能平均每天與兩百多項裝置互動，其中有許多你沒有真正看到，譬如在家電、汽車、監視器、銀行自動櫃員機、交通感測器（它收集交通流量和車速的資料），以及個人穿戴式健康監控器。而且在表 3-1 所舉的估計還算十分保守。譬如，如果你最近買一輛新車，光是車上極可能就有 200 種感應器，即使是舊車也免不了。2001 年新出廠的寶馬（BMW）汽車也有六十多種感應器。你自己算算看吧！

表 3-1 連結裝置的類型及每天平均互動次數

裝置	每日平均利用次數[4]	你每日的利用次數
汽車 隨車電腦診斷系統、全球定位系統、安全、追蹤器等	150	
住家 家電、電視、暖氣通風空調、電燈、保全設施	20	
穿戴式感應器 健康、活動、頭罩（如谷歌眼鏡）	2	
植入式裝置		
交通 車道、收費站、安全、公共運輸	20	
照相機／監視器 商業大樓、公共空間、政府	20	
電腦 個人電腦、筆記型電腦	3	
行動裝置 平板、智慧型手機	2	
工業感應器、控制器 電梯、非住宅大樓、停車場、機場設施、商業保全系統或掃描器	10	

零售 銷售時點情報系統、臉部辨識系統、 流量監視器	5
銀行／金融／保險 銀行自動櫃員機、銷售時點情報系 統、智慧卡、保險追蹤	2
醫衛 植入物、血糖監測、血壓監測、心臟 整流去顫器	3
寵物 追蹤植入晶片、全球定位系統	1
通信 網路裝置、衛星／碟盤、網路通話	5
合計	243

　　表 3-1 的感應器還未連結上可以在第一時間互相通話的感應器。如果這一切似乎都強大到令你喘不過氣來,不妨想想看如果你在 1960 年代告訴別人,60 年之內全世界將有 100 億臺電腦裝置,他們一樣會認為你很荒唐;鑒於沒有行動裝置的先例和可循紀錄,或許更加認為你是神經病。

　　即使到目前為止我們提到這麼多電腦、微控制器和感應器,我們還未經驗到超級互聯的全面衝擊,部分原因是這些裝置極大多數還未連接到網際網路,也因為連線裝置的爆炸成長仍處

於最初期階段。如果你也畫出在圖 3-1 上所有這些裝置，圖上所有非常陡峭的曲線會立刻變平，變成很不明顯，而且只是所有超級互聯裝置的一小部分。

如果你認為原先科技如此突然失色，使得我們所描述的未來更不可能發生，那麼我們應該指出或許當下還不明顯的某些事情。早先我們談到我們如何永久地生活在電腦應用裝置加速增長的肘部。在第二章我們也提到各種力量曲線的效應，它們會創造持續指數性成長的整體行為曲線。

但這在圖 3-1 中並未明顯看得到，因為我們用的是「對數刻度」，因此，增加 10 億，在垂直上看來和增加 10 或 100 是一樣的；我們沒有用「直線刻度」（linear scale），因為每個 10 年、其本身將是一條 J 曲線，我們無法以視覺上有意義的方式畫得出來。這種行為上的 J 曲線將會繼續加速。我們還不知道確實會如何，但是我們在表 3-1 所列出的科技很明顯將在下一個 10 年提供燃料助其成長。

我們對裝置的定義雖然可能不符傳統對電腦的定義，這些裝置蒐集資料、處理它、儲存它、把它傳送到各式各樣其他裝置，提供在今日的環境中很陌生又陳舊的物件某種程度的智慧。要描述這個超級互聯的世界會是怎麼一個模樣，非常困難，因為我們缺乏共同的經驗和行為去討論它。**我們只好試圖把未來強擠進現今，這一來總是傷害到我們去想像無限可能的能力。**

會說多種語文的我們常會碰上類似的現象，那就是當我們試圖描述某些複雜事物時，在我們的外語詞彙中找不到對應的

詞。當我們試圖描繪未來時，也同樣會出現詞窮的現象。**因為我們還不曉得未來的用語，因而被迫採用現在的用語來描述尚未體驗到的某些事情。**

其結果是把未來打了折扣，因為它聽起來很奇特、牽強或陌生。巴克明斯特·富勒（Buckminster Fuller）在 1970 年代試圖描述教育的未來：

將來會有一種可能，不僅個人可以在他的雙向電視上說「我不喜歡它」，還可以光束撥號（不需要懂得數學）：「我要某某數字。」這種雙向電視連結到個人的家，也有可能同時送出許多不同的節目；事實上，會有許許多多雙向光束傳送接收器和節目。很有可能會有大型的紀錄影片中央存儲室，其有如大型圖書館。小朋友可以透過電視機在本地要求借閱某一特別的節目資訊。

富勒使用「電視機」、「光束撥號」和「光束傳送」等用詞聽起來很過時，但是整段話擺在一起令人驚訝，十分有先見之明。他必須使用他那個時代的文字來描繪未來的景象，也是沒有辦法的事。

我們將不在本章贅述和預測超級互聯將會如何改變我們的生活和商業，而選擇把討論聚焦在預期 Z 世代行為會出現最大且最即刻變化的領域，以及我們認為最強有力的一個方法，它可以幫助組織建立跨越既有世代界限的連結，也就是「反向教導」。

它還是你的大腦，只是被動員了

　　網際網路全球 27 億使用者當中，有 18 億人在社群網路上相當活躍。然而，更令人吃驚的是，全球還有七十多億手機使用客戶（這個數字比起全球人口總數還要大），因此顯然不是人和行動裝置一對一相互連結。我們的研究發現，每個人平均有 2.5 個手機啟動的行動裝置。做個簡單的算術題目：把 70 億手機除以 2.5，得出大約有 28 億名智慧型手機使用者；這驚人的數字大約相當於網際網路的使用者總數，如圖 3-2 所示（這不僅包括你的手機或智慧型手機，還包括配用手機號碼的平板電腦和穿載裝置）。很顯然地我們連結的行動力已經成為 Z 世代行為的主要重心。

　　本書的其中一位作者丹・凱德生（Dan Keldsen）最近搭美國鐵路快車從紐約市到波士頓，一坐定後就拿出筆記型電腦、平板和智慧型手機。在下一站，有位年輕女士上車，坐在丹對面。她拿出筆記型電腦、平板、數位音訊播放器和三支智慧型手機。任何人若是剛好走過，這一幕一定很像是百思買（Best Buy）擺了個小攤位。我們不僅連上線，還同時連結上好幾種裝置。這種雜亂的連結並未產生一套協同一致的行為。它倒是強迫我們要協調一套愈來愈增加及複雜的連結。

　　這種雜亂的連結並非只有美國才有的行為。事實上，美國雖有 101％的行動裝置滲透率，但西歐的滲透率高達 129％，南美洲也有 126％滲透率，中歐及東歐更是 151％的滲透率，俄羅

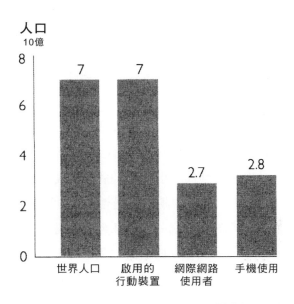

人口
10億

圖 3-2　世界人口、啟用的行動裝置、網際網路使用者和手機
　　　　使用者比較情況

斯更驚人，滲透率高達 180％，意即每個人至少有將近兩支手機。

　　根據我們的研究，我們目前平均每天約花 5.5 小時積極操作某種與網際網路連結的裝置。如果只看 22 ～ 32 歲年齡族群，這個數字上升到平均每天 7.5 小時。然而，22 ～ 32 歲年齡族群當中，其實有 40％的人每天掛在網上 13 個小時以上。

　　我們愈來愈依賴科技，作家克里夫・湯普生（Clive Thompson）於 2007 年在《連線雜誌》（Wired）上的一篇文章

中聲稱我們的「外掛大腦（outboard brain）」。我們的外掛大腦是一種簡單的思維方式，依賴行動裝置和雲端作為隨時待命的資訊來源；這是 Z 世代的基本行為。譬如，我們大部分人都有過經驗，在談話中冒出一個問題，在場沒有人能回答。而當下看誰拿出智慧型手機向谷歌、雅虎或必應（Bing）找答案，就立可判別誰是 Z 世代、誰不是 Z 世代。

事實上，生在 Z 世代的小孩有一個很讓人討厭的習慣，就是動輒在談話中查核父母親講的話是否事實；這就好像和 IBM 的華生人工智慧系統（Watson）不停地玩電視益智競賽〈危險邊緣（Jeopardy）〉。有位回應者針對我們的研究告訴我們，他和 15 歲兒子一起到超市買菜的經驗，就凸顯此一日益增加的典型行為：

> 兒子問我，他能否買些肉回家做「牛排」墨西哥捲餅。我立刻伸手拿了一盒炒牛肉。兒子一臉不可思議的表情，看著我說：「這不是牛排、這是牛肉呀！我們常去的墨西哥餐廳裡賣的「牛排」墨西哥捲餅，才是我要的「牛排」墨西哥捲餅。」我向他開釋，牛排就是牛肉，餐廳為了讓它的墨西哥捲餅顯得高檔，所以才用「牛排」這個字。
>
> 兒子二話不說，立刻掏出他的智慧型手機滑動起來。毫無疑問地，他在檢查我對牛肉剖切的知識是否正確。後來他不再跟我談這個話題，因此我猜想維基百科同意我的說法。

同樣的場景開始在幾乎每個社交環境上演。雖然很微妙，Z世代如此依賴外掛大腦，徹底改變權力結構，而且暗示著我們將要如何形成信賴關係。

　　依我們本身的經驗，質疑權威人物的這個傾向多年前開始出現在大學課堂，學生帶著連上網路的裝置來上課。當時，許多教授會切斷教室的網路，明白規定上課時不准上網瀏覽、發簡訊或電子郵件。若非不明白這是無法執行的規定，就是所訂的規定太愚蠢。然而，教授這一方的態度是，科技會「令人分心」，把學生的注意力從講課和對話移走。害怕連上網可能使學生分心，這些教授本身卻沒注意到連結在教室內的實質效應和好處，即透明度構成信賴的基礎。

　　湯瑪斯・辜洛普羅斯有一回在上課時做個實驗，從Z世代劇本撕下一頁，抽考學生。他歡迎學生利用任何連線裝置，但有一項提醒。他會不時丟出非常不正確的一個事實或統計數字，他期待連線的學生迅速抓他的包並更正錯誤。

　　這個方法帶來他無法想像的效益。不僅學生覺得可以糾正教授的挑戰很有意思，他們還挖掘出各種奇聞軼事，從他們發掘的與主題相關的資訊演化出來某些意義重大的對話。

　　就 Z 世代而言，連結在關係上創造某種程度的透明，使信賴成為贏來的東西，而不是由某人恩賜給個體或組織的東西。

　　我們認為：把超級互聯所造成的行為看作是分心之舉，而不是增進交往接觸和信賴的潛在方法，是個大錯誤。逆著Z世代超級互聯的大浪游泳，有如逆著海嘯游泳，只有白癡才會如

此。如果你要在海嘯中求生存，你必須順著浪潮，不論它看來有多麼可怕，這是你唯一的選擇。

結束活在兩個不同的世界裡

當 Z 世代愈來愈習慣超級互聯世界的機動性時，他們也愈來愈生活在兩個世界之中：一個是三度空間的離線世界，東西可以看得見、聽得見、碰得到、聞得到和嚐得到；另一個是桌上型電腦、筆記型電腦、平板和智慧型手機的線上世界。我們大多數人在這兩個世界之間來回掙扎，拚命試圖將兩者整合起來。事實上，我們透過超級互聯在摸索路徑，因為沒有太多時間建立一個協議，讓我們在高度連結時，知道該如何行止。

小孩子也沒有不同。我們和一位同事談到超級互聯，他告訴我們，他女兒在高一時認識了第一個男朋友。**他說，那是典型的青少年關係，只不過有一個很怪異的行為，那就是他那 16 歲女兒的男朋友，一眨眼就透過「skype」進入她生活。**每次他有事進入女兒臥房，男朋友的笑臉總是出現在她床邊筆記型電腦的螢幕上。他告訴我們：「他們也沒在互相交談。他們就各自出現在對方的筆記型電腦上，分享相同的虛擬空間。」怪異吧？起先或許是，但這就是行為；即使最背逆常態的行為，重複久了，似乎也就完全正常。

你第一個念頭或許是貶抑這種關係，認為它與你以前和異性朋友約會的經驗相比，太沒有意思，畢竟「關係」講的是人

類的接觸。如果我們降低到只有「skype」，肯定缺少了某些東西。但是這實際上是對每一種新世代科技的品頭評足。即使世界某些最偉大的哲學家，如蘇格拉底、柏拉圖，也曾認為寫作是落後一步，也是極不有效的連結和通訊的方法。

非常諷刺的是，我們認識蘇格拉底及其作品是透過他的學生柏拉圖的著作而來。柏拉圖在一本書中重述兩位神祇之間的隱喻對話，而其來源出自蘇格拉底的說法。[5]在對話中，一位神祇針對把寫作賜給人類作為禮物，提出如下的答覆：

這個發明〔寫作〕將在學會使用它的人腦子裡製造健忘，因為他們將不再練習記憶力……你發明一個並非記憶的萬應藥，只是作為提醒的工具；你給予學生一種智慧的表象，而非真正的智慧，因為他們將不需指示和讀許多東西，因此看起來好像懂得許多東西，其實他們大多相當無知、很難相處，因為他們並不聰明，只是顯得聰明。

這段話已有二千五百年之久，可是聽來仍很熟悉，這是用來反對其他眾多科技相同的論據，從電力、汽車和電視到電子計算機、拼字檢查器和谷歌等，都曾經遇上。

我們喜愛延續世代傲慢；很大一部分是因為我們重視學來的東西，因為已經花了不少工夫去學它們。最聰明的人極力為墨守成規辯護；畢竟，他們因為最擅長利用過去的工具，變成最為聰明。當我們落進這一類廣闊的世代陷阱時，我們嚴重限

制我們能夠想像的機會；透過以目前行為思考，我們很容易就限制住對未來的觀點；也就是如果我們從過去兩百年學到任何東西，就表示未來絕對不受這些拘束。

改變不是直線式，它是指數型的，也是大破大立、突破性的；它也不會效忠過去。如果我們想有最稀微的機會去了解超級互聯前進的潛力，我們需要先從中立的角度先觀察 Z 世代，這個角度不能有在遙遠不那麼連結的世界中所建立的歷史性行為標準。

麻省理工學院教授雪莉·特克（Sherry Turkle）寫了一本書《在一起孤獨》（*Alone Together*），嚴峻檢討科技把我們拉離人類接觸（這與網路連結呈現對比）。她接受比爾·莫耶爾（Bill Moyer）電視節目訪問時，說到：「身為發展心理學家，我所關切的是，看著小孩在這個新世界長大，感到無聊是一刻都不能忍受的事。」特克告訴莫耶爾：「每個人的注意力總是被瓜分，一邊是他們所處的人群世界，另一邊是這個『另類』事實。」

針對此一訪問有一則貼文出現在莫耶爾的網頁，它提供簡潔、俐落的反面論述：

我們是群居動物。任何可使我們和其餘群體維持更有效接觸的科技，都將被其成員擁抱。科技將愈來愈整合進到我們每個個體之中。谷歌眼鏡是朝這個方向走的另一步。讓我們對電影《星艦迷航記》（Star Trek）裡的博格人（Borg）心生恐懼的是，被下一世代所擁抱。科技和通訊將會整合進入我們生活，我們

將會歡迎它。它顯然是我們作為物種的未來。[6]

我們很喜愛特克的作品；它清淡雅致，讀來很舒服，而且某些部分引起我們深刻共鳴，尤其是她有關青年人愈來愈失去獨處的能力、一想到孤獨就驚慌的觀察。

如果可以，我們樂意送她普立茲獎，至少是承認她論述的優雅。但是我們不得不認為，她的論述是定錨於過去，與蘇格拉底嫌棄寫作出於相同的知識血脈。透過進步，或許某些東西已經拋掉，但不是每樣東西都拋掉，而且還又得到許多東西。被遺棄的孩童，他們因羞澀被關在孤獨中，現在可以與人社交，增添生活的多采多姿。

我們記得和同事喬（Joe）替一群大型製造業者進行諮詢服務並一起用餐時，他提起的故事。我們談到我們的研究，以及對新式的線上行為保持開放心態的極端重要性；而這些行為或許會被認為反社會，譬如過度耽溺於遊戲。喬提到他侄子巴瑞（Barry）患有妥瑞症，這種衰弱神經系統疾病的患者會不由自主的抖動、搖頭晃腦，有時也會突然爆發不連貫的髒話、穢語。雖然妥瑞症的原因，醫界還不甚了解，與妥瑞症患者溝通的人有可能把它們解釋為破壞性，甚至是反社會行為。妥瑞症和口吃或緊張抽搐神經不同，它不是可修正的行為，至少是不能有意識地予以修正。這種症狀產生的社會污名會使和妥瑞症患者一同居住的親人閉鎖起來、脫離社會環境，使得教育、工作和社交困難。

然而，喬告訴我們，巴瑞狂熱地愛玩電動遊戲，在社群網路上相當活躍，當他在線上溝通或合作時毫無困難。我們回答說：「當然啦，透過鍵盤，他的狀況顯示不出來，允許巴瑞不受同儕任何偏見而自由溝通。」

喬又說：「不。我不是在說他透過鍵盤與別人溝通。我說的是他會使用遊戲玩家的頭戴裝置，毫無妥瑞症跡象和人交談。他當下有了能力，就好像他的大腦突然找到方法把那些失靈的神經元平靜下來。我無法解釋這是怎麼一回事，但這是異乎尋常的轉變。不幸的是，我擔心今天仍然在學校念書的巴瑞，將無法加入任何傳統形式的工作，讓他和別人面對面互動。」

這就是 Z 世代效應美妙的地方：我們不認為巴瑞需要與別人面對面互動，除非他自己選擇要。巴瑞沒有瑕疵。有瑕疵的是我們界定工作，以及工作必須如何做的方式，因為工作「一向就是這麼做」。我們把工作畫了一道線，區分為「在辦公室與同仁面對面」和「在線上作業的遠端工作」。我們拒絕接受線上作業可以取代人與人的互動。但是這兩種工作模式並未相互牴觸，就和寫字不會和說話相互衝突一樣。

當我們以一種行為和另一種行為作對比時，我們創造零合情境，在這種情境中，未來總是與過去在競爭，其實無可避免會發生的是未來與過去匯合。好像一條高速公路有無限的入口匝道般，我們總是會整合新行為，讓它們加入舊行為。後來，交通加快速度後，某些舊行為下了公路，其他舊行為落後、慢慢消失。然而，絕大部分在重新加油後，又加入前進的行列。

當我們可以把世界輕易畫分為工作與休閒、專業和個人時，我們可以活在世代畫分裡，就好像在高速公路車道畫出實線，彼此走在自己的車道，相安無事、互不干擾。

然而，對Z世代而言，尤其是今日孩童的下一代，不會有特克所描述的兩個世界的區分。他們不會把線上環境和離線環境視為競爭。這兩個世界絕不是非此即彼、截然畫分的命題，它們將整合起來增進人類的潛能，以及他們生活、工作和遊樂的機會。

我們已經在離線和上線的整合中走出第一步，不只是靠智慧型手機等傳統的行動裝置，還靠谷歌眼鏡等科技（谷歌以這種穿戴裝置與網路連結及互動）。這些穿戴裝置的作用不僅僅模糊了兩個世界之間的區分，還開始消滅兩者的區分。這可能被認為是太誇張了，但其實只有在以我們自己過去的經驗去限制想像力，而非讓想像力抓住對未來的一瞥，那才是誇張。

1876 年，手頭拮据的亞歷山大·葛萊姆·貝爾（Alexander Graham Bell）想把他的電話專利權賣給西聯公司（Western Union），索價 10 萬美元。西聯公司謝絕貝爾這項提議。當他們評估貝爾提議時，寫下下面一段建議：

我們不認為這項裝置能把可辨識的對話傳送到幾英里路之外。胡巴德（Hubbard）和貝爾想在每個城市安裝一具電話機。這個主意太蠢了。再者，當人們可以派信差到電報局，把清晰的書面訊息傳送到美國任何一個大城市時，他為什麼要用這個笨拙又不實用的機具？

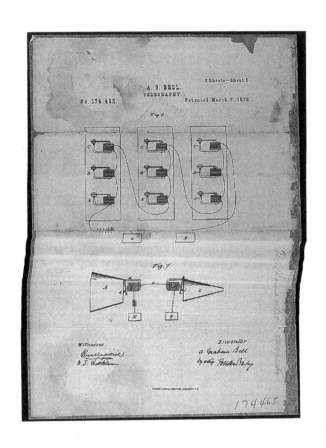

圖 3-3

亞歷山大．葛萊姆．貝爾的電話專利，雖然是 19 世紀最賺錢、最炙手可熱的專利，
卻遭到西聯公司峻拒。[7]

圖片來源：（美國）國家檔案和記錄管理局（National Archives & Record Administration）

很可笑，是不是？然而，西聯公司的問題也是我們大家都有的問題：**未來從來不會以完整的形式出現。它總是以笨拙的樣式出現，不符合我們已經習以為常的行為。**

　　這是很熟悉的行為模式。

　　第一臺口袋型電晶體收音機擺不進標準型的襯衫口袋。索尼共同創辦人盛田昭夫必須替手下營業代表訂製有夠大的口袋擺進此一裝置的制服。許多人認為怎麼會有人想要一臺個人收音機呢？畢竟收音機是建立在分享經驗的期望上呀！然而，口袋型電晶體收音機問世以來，售出數量已逾 60 億臺。

　　摩托羅拉（Motorola）第一部行動手機被人謔稱為「磚塊」（說句公道話，它比磚塊稍輕），它沒辦法一把就掌握住，肯定也擺不進口袋裡。當它剛問世時，即使最愛鐵口直斷的名嘴也只預測到了 2000 年，全世界大約會有一千萬至一億支手機在使用。但前文已經提到，今天全世界有 70 億支以上手機在使用，所以那預測的錯誤可真不小喔！

　　第一臺筆記型電腦奧斯朋一號（Osborne 1）1981 年問世時，比起同時代的可攜式縫紉機更大、更重，重達 25 磅。除了很難攜帶它之外，還有一個很明顯的問題：「幹嘛需要帶著一臺電腦到處走動？」

　　在以上這些個案中，並不是說未來科技的組裝積木還未存在於今天的裝置中，而是行為還未有機會環繞著科技形成起來。但是當人們開始使用新科技，他們試圖以它直接取代先前的科技。然而，在稍許試驗下，他們無可避免地發現科技所帶來意

圖 3-4　奧斯朋一號手提式電腦 [8]

圖片來源：維基共享資源（Wikimedia Commons）

想不到的目的，而這目的才是科技最有價值之處。譬如，電晶體收音機的初期價值是作為人對人通訊之用，不是用在向大量聽眾廣播；孰料它卻從這兒徹底改變了大眾傳播。

最後一點是，我們需要開發及接受新行為，以便實現新科技的價值；這才是必須掌握的最重要的一點，如此才能理解為何有激進的破壞，以及 Z 世代效應將有什麼影響。

人類天生會先把「新」科技放進舊行為中，那是因為我們沒有別的參考架構。當第一代「隨身聽」問世時，戴著迷你頭戴耳機公然走在路上，看起來很荒謬，事實上它看來的確很怪異、很奇風異俗。為了讓隨身聽更能「為社會所接受」，索尼裝了一支迷你麥克風，讓聽者按鈕就聽到對方的聲音，把此人

的聲音透過隨身聽引導進入頭戴耳機；這聽起來挺像很荒謬的特徵。

可是今天大家已經可以接受在飯桌上有人眼睛直瞪智慧型手機，不互相看一眼。很荒唐吧？的確是。但只有與從前的行為對比時才會如此。最後，大部分行為是臨時性質，以當時的常規和習慣界定。如果我們摒棄這些新行為，我們落入世代定型概念，它只會強化人與人之間的壁壘。

透過谷歌眼鏡

我們所提到的每一項新科技，例如電晶體收音機、手機、可攜式電腦等，它們都有一項共同點，那就是它們一開始都被認為是怪物。它們根本不符合當時的行為。面對此一障礙的最新突破性的科技是谷歌眼鏡，這是谷歌在 2013 年推出的像眼鏡般的穿戴式電腦裝置。

我們訪談了一些使用谷歌眼鏡的研究對象，這是谷歌從 2013 年購買及使用谷歌眼鏡的人士中選出來的一群人，公司把他們稱為「探險家」。從訪談中出現一個共同話題，那就是不少開始使用谷歌眼鏡的人出現了怪事；也就是說，他們在使用這種與世界互動的新方式時，沒有參考架構。它讓人覺得沒有方向。我們的同事喬治‧阿奇里亞士（George Achillias）也是第一代谷歌眼鏡探險家之一，用他的話來說：「我想在離線和上線之間畫一條明顯界線，卻做不到。當我一發覺離線和上線之

間的界線就是我已接受的一道無可跨越的分界線時，我開始以非常不同的方式考量此一經驗。谷歌眼鏡很快就讓我覺得出奇的自然，彷彿突然間找回我從未知曉已經遺失的第六感。」

或許你會認為：「可是我希望我的世界能區隔化，把離線生活和上線生活分隔開。我需要能夠躲開、避靜一下。我需要拔開插頭。每週7天、每天24小時連線上網，一點也不健康！」以我們的估算，不健康的是科技與既有行為衝突所產生的焦慮感。無可避免地，當我們發覺原先未預料到的價值時，初期的衝突也就解決了。譬如，我們的研究發現有65％的人睡覺時把智慧型手機放在床上或床邊。對了，這個比例只比聲稱同床共眠的已婚夫婦人數略低。[9]

有些人對最後這項數字會寒慄。坦白講，誰會想和智慧型手機同床共眠？但是，且慢，你家床頭櫃還有室內電話嗎？如果它在半夜響了，你會接電話嗎？在20世紀前半葉，它也會被認為是怪異的行為，當時大多數家庭只有一條電話線，不只全家人共用它，有時整個街坊共有一條電話線！

我們可以辯論連結的利弊得失，但是它改變不了我們被牽向連結的事實，而且整個社會一向選擇走向增進連結的數量和頻率的道路。

由於類似谷歌眼鏡等新科技產生的變化對我們既有的行為產生極大的大破大立，而新經驗的價值又很難理解，人們有一種自然傾向，變得抱殘守缺、死守舊行為。世代界線就是在此時此地畫下。我們只看到和體驗到一種可持續的方法，可以制

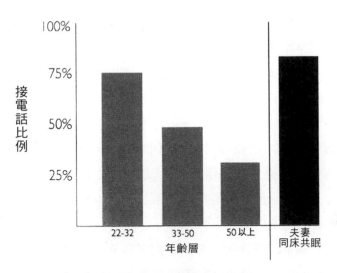

圖 3-5　各年齡層「睡覺時手機擺在床頭附近」與「夫妻同床共眠」之對照

衡這種世代反射，它就是「反向教導」。

透過反向教導追求大改變

　　德爾菲集團（Delphi Group）是本書兩位作者任職的公司，它成長為《公司雜誌》（*Inc.*）全球五百大公司，辦事處遍布美國、加拿大、英國、南美洲和亞洲各地，兩位作者也略盡棉薄。但是它在 1994 年時，仍處於草創階段。公司當時登報求才，希望找到合適的人接管電腦系統；當時公司所謂的系統就是 6 臺

蘋果麥金塔電腦，和自己組裝的 4 條電話線所連成的一個自有的蘋果網路和電子郵件系統。這是網路瀏覽問世之前的時代，電子郵件大半只在公司內部使用，還未到達跨公司使用的地步；網際網路對大多數企業而言還是新鮮的玩意。

我們面談的應徵者絕大多數是來自大公司的程式工程師，也只有大公司才供養得起專人照顧電腦作業。這些應徵者曉得如何操作主機或迷你電腦，以及今天大家早已忘得一乾二淨的程式語言「面向常規業務型語言／常規商業信息處理語言（COBOL）」和「福傳（Fortran）」。

我們讓他們瞧瞧我們那套小型又怪異的麥金塔系統；他們看著我們的表情，就彷彿我們剛來自另一個星球。就在我們即將放棄找人填補空缺時，有個二十郎當歲的年輕人看到《波士頓環球報》上的分類廣告找上門來。這個一頭及肩金髮的年輕人，拿的文憑是貝克理音樂學院（Berklee College of Music）學士學位，彈的音樂很奇特，沒有一項條件看起來適合這份工作。但是他曉得麥金塔是什麼玩意，對新科技（包括當時相當新穎的網際網路）有一股熱情。

往後 10 年，這個年輕人不僅建立德爾菲的資訊系統，支援其跨國業務，也成為德爾菲集團執行長的反向導師。他也是公司每個人想知道新科技如何改變人類行為，都要請教的對象。譬如，2001 年，他注意到有一類型的新公司正在崛起，它們專注於便捷社群連結；而他與其中一家新秀「領英（LinkedIn）」發展出親密的合作關係。在他督促下，德爾菲主辦了有關社群

媒體這個主題最早的一項活動；當時大多數人都還把社群媒體當作不過是個新鮮玩意。本書的作者中，丹是導師、湯瑪斯是受教者，兩位是這段話裡的「我們」，這也就是我們初次見識反向教導。當時，我們兩人完全沒有想到我們正在創造一種指導模型，對德爾菲及我們的客戶都很重要；也沒有想到它會是日後我們稱為 Z 世代效應的一部分。然而，並非只有我們才如此。

大約就在同一時期，奇異公司（GE）執行長傑克·威爾許（Jack Welch）也推出類似的模式，幫助他本人及高階經營主管認識網際網路這個快速變化的科技之面貌。哈特福保險集團（The Hartford）和思科（Cisco）等公司很快也跟上來。

我們為了寫作這本書調查訪問了 600 家公司，即使 51％有跨世代的工作團隊，然而不到 15％有反向教導制度。特有意思的是，實施反向教導制的公司當中，94％也有傳統師徒制度，即使全體公司只有 56％具備此制度。很顯然地當反向教導制或許還是局外人時，在了解師徒制好處的組織中，它存在的可能性更大。有意思的是我們開始走上這條路，是因為身為主要發起人之一的德爾菲對每個新雇用關係都安排了傳統師徒制。

我們所研究、具有反向教導制的組織，就他們對遠距工作、工資透明化和組織結構較不僵硬、更能扁平化的態度而言，也屬於比較進步的公司；譬如，霍拉克拉西公司（Holacracies）就把決策權分散到各團隊，而非從頂尖層級下達決定。

那麼，反向教導制究竟是什麼？它是如何運作的？

讓我們先從師徒制的根本說起。先記得，我們研究的組織有將近一半不習慣傳統師徒制，或是認為不值得花費資源在這上面。師傅做為一個可信賴的顧問，幫助指導後生、分享生活經驗和已得智慧，這個觀念吻合傳統的人口金字塔。然而，它也略為說明了為什麼指導不是那麼普遍流行，原因在於傳統的人口金字塔一向是潛在的師傅少於後生。

雖然 56％的組織可能有師徒制度，但個人在一生職業中能有專屬師傅指引之福，則少之又少。很少人被派到明智的老師傅來幫助學習走繩索。我們之能得到師傅指導，通常是在職業關係上遇到這些貴人。

不論師徒制是如何形成，師徒關係可以是最有價值、最有意義的專業和人生關係之一。它的假設前提很單純，即經驗豐富的個人把他們的專業知識、成敗經驗和信心，傳承給較欠經驗的個人。然而，這是許多 Z 世代效應的原則開始起作用的地方。

在傳統的師徒關係中，師傅幾乎一向是基於傳承知識和公開經驗的目的，而被委派或挑選給後生。師徒雙方的協議是，師傅會把為了後生的好，把他所知傳授給後生，換取徒弟有機會事業有成的成就感。在通俗文化裡，這叫做「付費前進」。

然而，在 Z 世代，經驗與影響不只從金字塔上端流出；知識和思想也有可能從底下向上滲透。長期下來，Z 世代效應創造出上、下雙向教導的需求。這是反向教導制背後的基本假設前提，也就是經驗變化太快，我們必須向使用新科技最得心應

手、最有信心的人請教，請他幫助我們跟上腳步。

以 Z 世代而言，「跟上腳步」既是了解新科技的行為和價值，也是使用新科技。如果能夠接受科技的話，事實上，科技只會愈來愈簡單，最難掌握的是行為。

記得我們兩人之一曾經參加一次思科的會議，一群年輕的千禧世代和一大群嬰兒潮世代被搭配成組，討論社群媒體新行為的優劣。這批千禧世代是一群很特殊的個人，思科特別挑選來當反向指導，把他們的見識傳遞給資深員工和顧客。

在圓桌討論時，千禧世代談的是透明與開放在組織的重要性。焦點擺在社群媒體如何在組織之內及市場上，幫助創造分享及公開對話的文化。有位出席會議的嬰兒潮世代很震驚，覺得千禧世代太天真，怎麼渾然不覺如此極端的公開化其風險和缺陷。嬰兒潮世代反覆拉鋸和焦慮的程度，反映出反向教導過程的困難。

傳統的師徒制裡，師傅一向是年齒和經驗俱深的人，他可以傳承經驗且不被後生反嗆的風險。反向教導制卻沒給師傅提供安全網，他很容易就被後生在組織層級裡的地位給壓下去。

我們只看到兩種情境下，反向教導制有成功的機會。第一種是奇異公司執行長傑克·威爾許推動的模式，他直接下令確立反向教導制的重要性和價值。威爾許不僅規定手下 500 位高階主管要找一位反向師傅，他自己也找來一位反向師傅。第二種情境是受教的徒弟暫時剝去權威和年資，不能用他一生的經驗來推翻反向師傅截然不同的經驗，並且壓制自己的不舒坦而

去學習全新且很可能截然不同的觀點。

　　思考反向教導制最好的方法，在於它和傳統由上而下師徒制目標的不同。雖然傳統的師徒制通常被認為是有經驗的資深人員分享其知識、自然且有價值的方法，因此被接受；但對反向教導制就不這麼想，反而可能被認為是太浪費新進或年輕員工的時間。事實上，除非受教的同仁是年輕師傅的上司，否則一般上司很可能會比年輕員工更難以接受這狀況。

反向教導制的案例：思科

　　正式採行反向教導制最佳的案例來自我們的客戶思科。思科董事長兼執行長辦公室資深副總裁卡羅斯・多明尼各（Carlos Dominquez）也像我們的許多客戶一樣，開始他的反向教導制經驗，是因為他需要更能和 Z 世代互動，以及分享跨世代的行為。

　　思科反向教導制的真實故事實際上在我們執行它之前早已存在。我們聘雇一堆大學畢業生，進入我們的「副銷售代表計畫」和「副系統工程師計畫」。我們把他們放進為期 12 個月的密集培訓課程中。我們教授他們科技、溝通技巧，甚至如何拿刀叉和禮儀；這是真正的培訓課程，也是對公司人才極大的投資。

　　有一次在瑞利（Raleigh）的集會，我記得和一群新進員工坐下來閒聊。我直率地問他們：「你的人生哲學是什麼？你有

什麼期許？」他們的回答大半不脫：「我們不是只受金錢驅動。我們想要學習，想要創造不同，並且願意赴湯蹈火。」

我的理解是，我們花費大量金錢培訓他們，如果我們不給他們留下來的好理由，許多人在很短期間內可能就會離職。我問自己：「思科需要有什麼不同作法，才能使他們願意效命、願意留下來？」

我們的想法是，我們需要讓他們講話、參與，以及投入和貢獻，同時也讓他們嘗試企業生活的真相。在這個過程中，我們也需要向他們學習，了解他們如何看待世界及其價值觀。這個簡單的思考就是整個反向教導制理念的起源。

我們先建立一小群人，全放到社群媒體群組裡。裡頭全是年輕人，這不意外嘛，對不對？我只問他們：「嗨，你們是否認為你們這夥人有可能指導公司裡某些高階主管？」他們認為這個主意不錯。

這個過程開始把千禧世代和高階主管正式配對，當然不是每個高階主管都參加。它是完全自願制。我們不希望強迫任何人參加。

我發現最有趣的是，關係如何形成。突然間，一個相當新進的員工接觸到他們原本沒有機會接近的相當高階主管，從這些人身上，他們也可以得到指導和學習；這對雙方明顯都有益。

我學到的一件事是，我不強迫高階主管接受反向教導制。我推銷給他們的是了解或精通科技會有的好處。

如果你這麼做，會有相當益處。我向所有的儕輩推銷它，

但坦白講，有些人不想要。如果他們不要做，為何讓他們陷於他們不會成長的情勢？或是不會成功的情境？

反向教導制的另一部分策略是，找出一位可以因反向教導制受惠而晉升的高階主管。開始盡可能凸顯他們，讓人人意會到一個訊息：「嗨，這是我認為重要的一件事。」不過，你總是會碰到抗拒的。

後來，我們創造一個很簡單的應用軟體，媒合師傅和徒弟。媒合成功後，他們先會面，看看彼此是否投緣，這一點和其他導師計畫都一樣；投緣是師徒制最基本的原則。我認為反向教導制稍有不同的是，在傳統指導關係中，導生通常受惠較大。

反向教導制若是發展得宜，我也不敢說誰受益較大，因為他們雙方都得到真正重要的東西。有些個案，年輕人教導一些全世界最有權力的高階主管。他們（即反向師傅）以盟友及教練身分所得到的收穫太大了。反過來，高階主管透過在科技和行為第一線人員的眼睛也得到寶貴的教育。

我家子女多年來就是我在科技方面的反向師傅。我老是看到他們掛在臉書、推特或拼趣（Pinterest）上，就問：「你們在幹什麼呀？」他們讓我坐下來，帶我走一番。但是有些人沒有這種非正式場合之便，反向教導制就很棒。

思科的反向教導制方案看來是令人難以置信的簡單、明瞭，因此你不免會想怎麼那麼多公司不效仿。我們針對實施反向教導制的數十個組織進行研究，發現這個主意還未獲得普遍了解，

雖然個案研究已經可以回溯到將近 30 年前。

我們不禁要相信年齡較大的高階主管存在恐懼感，深怕被年輕員工搶了光彩，而年輕員工也害怕他們的意見不會受到重視，或是可能被解讀是對資深同仁的批判。

為了幫助讀者開啟反向教導制，我們在附錄提供一項基本指南，我們也把它們運用在我們客戶身上，以緩和這種恐懼感，並教育該組織有關反向教導制的益處。

看見無形的社群網路

你現在已經了解超級互聯行為，也知道如何創造反向教導制度，作為分享了解這些新行為如何改變你為 Z 世代建立組織的基礎。你還需要其他什麼？我們大多數人從來沒想到要做的事：建立一個讓超級互聯具體可見的方式，以便你能依循社群網路形成的方式及其影響你的生意和市場的方式。

我們不是只談網路的科技，也就是連線和無線連結，以及代表每個節點的裝置；這些通常是指網路拓撲；它們就像高速公路和交流道。它們只告訴我們如何從技術上連結，而沒有告訴我們實際上如何運用。

比較電腦網路的視覺化和社群網路的視覺化，有一個最好的比喻就是，靜態的視覺地圖與即時的全球定位系統（如「位智（Waze）」）；後者採用 5 千萬駕駛人和路況的資訊，以便為你規畫最快速的行進路線。前者根據有哪些路線，告訴你怎

麼到達目的地；後者則根據人們實際如何運用這些路線，指點你最快速的一條路。

同理，在超級互聯世界善加利用網路的秘訣，在於了解它們是如何被使用、人們社交上如何溝通與連結、他們談論些什麼，以及這一切又是如何創造出對組織及市場運作的了解。

我們要提醒你，以這種方法讓超級互聯具體可見會有一點超越現狀；也就是說，它們不是我們大家所熟悉的事物。因此，我們先舉個簡單事例說明為什麼我們要這麼做。

為社群網路而生的布朗尼照相機

大約 2001 年時，馬克・史密斯（Marc Smith）萌生一個瘋狂念頭：創造一個方式讓上線互動的任何網絡具體可見，使它們像柯達（Kodak）公司的布朗尼照相機（Brownie）簡便易用；布朗尼照相機 1900 年推出時使「寫實抓拍」拍照技術徹底革命。有了布朗尼照相機，任何人都可以拍照，不再需要像攝影師要有暗房、懂得化學處理、具有特殊器材才能完成攝影任務。布朗尼照相機有如野火，點燃了個人攝影。你擁有的每一部照相機，包括智慧型手機上的照相機在內，都站在布朗尼照相機所引介及推廣逾 80 年以上、瞄準即拍的攝影技術遺產上。

布朗尼照相機使人們可以透過另一雙眼睛看世界。從許多方面來講，它是一個基礎科技，與收音機和電話一樣，引導進入全球連結的時代。這種基本照相機把攝影擴大到專業領域之外，駕馭群眾的力量，掌握住世界真正的面貌，而非我們預期

它的方式。這就如同史密斯試圖為社群網路做些什麼一樣。

利用群眾繪出群眾圖像

　　史密斯的前瞻目標是「展現社群網路，允許人們自己製作影像，展示我們如何真實工作和溝通。其結果允許我們切入社群網路的每個角落和縫隙，這是任何一個組織辦不到的。」史密斯是「社群媒體研究基金會（Social Media Research Foundation）」的共同創辦人，也是「Node XL」背後的推手。「Node XL」是一種開放原始碼網際網路視覺化和分析的工具，是他在微軟的網際網路服務研究中心（Internet Services Research Center）任職時最先研發出來。根據史密斯的說法：「一定要有一大群人，才有可能像派一個支薪的攝影師團隊把地球上每個主要事件都拍攝下來，不知要花費多大的成本，繪出社群網路互動的圖像。你沒有辦法掌握整個社群網絡，這根本辦不到。」

　　史密斯以「告示牌 50 強」排行榜（Billboard Top 50）為例說明他的意思：

　　「告示牌 50 強」排行榜代表的是一張唱片在排行榜上的地位，但它只是時間上的一刻，濃縮為一個數字。它固然有用，但也像我們試圖把一個世代所有的人都歸納在同一個身分認同時所見到的定型概念一樣，它並沒有提供太多脈絡，讓我們知道為什麼哪位藝人或哪首歌會上到「告示牌 50 強」排行榜、誰在聽它、他們為什麼聽它。

社群網路的視覺化和分析，提供新聞編輯部賴以呈現實體群眾行動的同一種鳥瞰圖。直到最近，我們一直沒辦法簡單地用網絡去那麼做。史密斯說：「過去幾年之後，你曉得當數千人集聚在廣場時，會有新聞。可是每天都有數千人群聚在主題標籤，或是訊息板，或是討論群，或是某種網路空間。就社會意義而言，它就等於廣場，可是我們對這種廣場還沒有掌握到圖像。」

史密斯的使命是提供他所謂的「上線群眾空照圖」。[10] 目標是顯示人們如何在虛擬空間集合，不論它是社群媒體、電子郵件或內部社群，而且是以最簡單的瞄準即拍的攝影方法去做。這個空照圖可使人力資源專家、經理人、行銷專家和銷售員有可能看到且了解網路效應，不需要具有數據庫或網路理論博士學位就能理解。

史密斯認為，每天廣範圍地使用網路分析工具，已經近在眉睫：「美國企業界每個中階經理人都將必須在未來 3 至 5 年，面對網際網路。每個坐在電腦前，螢幕上有個統計圖表的經理人，很快就會有個網路圖表出現在他面前。」

當用在企業對話和連結時，網路分析可以揭露正式和非正式的專家，他們回答其同事、夥伴和顧客所問的問題。它也可以揭露「搭橋者」，他們把原本未連結的群體連結起來，也發掘組織的「結構漏洞」，顯示哪裡需要一道橋梁或連結。譬如，以涉及企業併購的公司而言，內部的社群網路分析可以找出在哪兒整合組織或特定部門會有困難。它也可以找出在哪裡是社

群超級互聯、已經可以成熟有合作關係的範圍先建立成績。

問題在於人們看不到繪出社群網路地圖的價值，因為今天大部分人使用這些網絡作為個人活動之用，它在組織中沒有一席之地。

對於沒活在電話剛問世時代的人來說，人們會擔心在辦公室使用電話是浪費時間，或是電話應該頂多只限於高階主管及其秘書等少數特定人物使用，這種念頭實在很奇怪。你可能會記得，電子郵件剛問世時，一般人也有同樣的顧慮。

整個連結和通訊的歷史上，認為新科技會讓人分神或毫無效用的人，和認識到其價值的人，一直都有裂縫。後者直接跳入、擁抱價值，致使新科技後來變得很明顯成為拒絕它的人的「新常態」。

然而，不同於「我們許多人走過今世代痛苦的原始科技之路程，才走到超級互聯已經在望」的情況，從這一點起，不會再是逐漸走著同樣的路。我們在下一章將會看到，反而他們將會彈射飛過演進階段，直接進入超級互聯的未來。

行動篇

向 Z 世代領導人學習

- 傑克‧威爾許，前任奇異公司執行長，他在奇異啟動反向教導計畫。

- 卡羅斯‧多明尼各，思科公司董事長兼執行長辦公室資深副總裁，他無意間建立反向教導計畫。

- 馬克‧史密斯，社群媒體研究基金會共同創辦人，「Node XL」幕後重要推手。

你準備好接受 Z 世代了嗎？

- 你個人超級互聯的程度有多高？這種程度的超級互聯滿足了你社交生活和事業的需求嗎？它能幫你了解世界發展嗎？

- 你的組織超級互聯或失連結？它只在內部連結嗎？或是也與外部夥伴及顧客連結？為什麼呢？

- 以你組織目前超級互聯的情況而言，你錯失與顧客、夥伴和媒體連結的機會有多大？

- 你有多麼經常依賴你的「外掛大腦」？

- 你每天使用了多少組電腦應用裝置？

- 你在生活和工作上如何利用這些裝置？

- 你的生意物品和服務裝了感應器嗎？它們應該如此嗎？

- 你採用透明度建立可信賴關係嗎？還是你迴避透明化呢？

- 生活在兩個世界，你能夠悠遊自在嗎？在這種工作模式下，你覺得舒坦嗎？

- 你是否已經注意到：超級互聯幫忙孩童比以前達到更高潛力的方式？

- 你能否想到什麼例子，是你把新科技放進舊行為且降低它們的價值？

- 你的組織採行反向教導制來溝通彼此代溝嗎？

- 有人要你當反向師傅或徒弟嗎？

- 你是如何把你的社群網路弄得具體可見，以便更能辨識機會和落差？

你要從「GenZEffect.com」接受全面評估，找出你是否已經準備好接受Z世代效應。

4

高科技普及化：
彈射現象

回顧得更遠，就能前瞻得更遠。

——溫斯頓‧邱吉爾（Winston Churchill）

我們在本章將敘述彈射的效果，它推進大多數人採用新科技。我們首先將檢討採用科技的障礙，以及障礙如何透過增進簡化、便於使用，及符合特定用途，而逐漸消失。我們的部分討論集中在遊戲化提供學習與擁抱科技的新路徑，而我們又一再持續地增添新科技的能力。這又導致「最終理想解」的概念。這是更能了解科技發展軌道和它最後遍及全球的一種方法。

依據經典科幻小說劇情，人類把一艘載人的太空船送上太空，經歷數十年或數百年的旅程，到達許多光年距離的另一個遙遠且類似地球的一個星球去探險。太空船前進途中，先鋒船員進入休眠狀態。經歷許多年之後，太空人終於從長久的休眠狀態醒來，降落在遙遠的星球上。然而，他們很快就發現所抵達的星球，早已有另一個先進的文明進駐；也就是說，在太空船前進的旅程中，他們比人類的科技更加進步，不僅搶在原先的太空船及船員之前到達目的地，而且開發出來回地球的方法，在相同的時段裡為人類建立新據點。

　　這就是彈射（slingshotting）的精義，這股創新的加速力量把科技推進到一個點，使得位於科技採用曲線緩慢一方的人（即落後者），能夠跳過好幾個世代的科技，也和經歷科技痛苦演進的人抵達相同的未來。

　　我們今天所使用的大多數科技，涉及笨重的軟硬體、不可靠的連結和繁複的使用者經驗等大多數問題，大半都已不存在。由於障礙已經除去，新使用者現在可以簡單地進入，使用網際網路有如打開水龍頭裝一杯水般地容易。你也不必再像 1990 年代還得專程到網咖這種特定地方才能連線上網；網際網路如今無所不在，環繞著我們四周，套在我們手腕上、連著我們的眼鏡，就在我們口袋、手提袋和背包裡。它就在我們辦公桌上、廚房裡，或掛在我們牆上的電視機，甚至愈來愈進到我們汽車中。突然間，基本配備都已經存在，「上網」的一些前置動作幾乎全沒了，你看幾乎每個環境都有行動裝置，如智慧型手機、

穿戴式裝置、平板電腦和筆記型電腦，就知道我們所言不虛。

　　根據國際電信聯盟（International Telecommunication Union）的統計，我們在 2005 年跨越網際網路使用的一個重大里程碑，也就是已開發世界 50％人口已連上網際網路。

　　相較之下，1990 年代末期達康（dot-com）盛行時期全球網路使用者的人數微不足道猶如誤差比值。我們當時才勉強剛要起步，2000 年網絡使用者還不及今天使用者的 10％。

　　圖 4-1 的資料來源是世界銀行，[2] 從圖中看得出來，開發中世界的增長還未開始加速（在第三章已提及全球每年增長率只有9％），但在已開發世界，我們已經提升到指數型增長的水準，

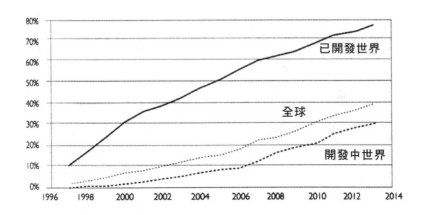

圖 4-1　網際網路參與情況 [1]

如圖所示，以網際網路使用而言，已開發世界已趨近 80％滲透率，而開發中世界仍僅有 31％的滲透率。

往百分之百的人口參與上線邁進。連線及裝置費用持續下滑，加上上線也不需要太大工夫，例如只要跑到蘋果專賣店或百思買，甚至全世界數以千計的通訊行之一，買支新裝置、辦理開通手續就行了；這點已經完全改變誰可以及誰將會加入 Z 世代的參數。

分析起來，有三個因素促成彈射：

1. **簡單化**：已有的科技提供使用者經驗和一套科技能力，終於方便了「正常人」，而非電腦科學家和早期的採用者，今天看來當時像是「對使用者有敵意」的一些經驗，譬如使用者需要打字、閱讀和使用每一個專門介面，現在都沒了。行動裝置、社群網路、高度視覺化的介面，以及最近幾年觸碰及語音控制的崛起，加上電腦應用裝置和高速上網的費用降低，已經消除掉這些早期的大部分障礙。

2. **可取用性**：由於科技的超級互聯和便於取用，「連上線」不僅在社交上受到接受，技術上也不成問題（無線上網在咖啡廳、餐廳、圖書館和旅館成為必備服務，即是例證）。結果，保守不參與的族群對於「連上線」的放心程度提高。譬如，老爺爺、老奶奶過去把孫兒女照片放在錢包裡，現在拜臉書（Facebook）、蘋果視訊通話（Face Time）應用軟體及類似的運用軟體之賜，也能利用網路追蹤、貼文、評論，和遠地親人聯繫，甚至對科技不加思索地就來個視訊通話。

3. **數據化**。掌握到人和科技的互動，揭露他們的實際行為供分析和個人化，使得絕大多數「免費」服務，例如搜尋引擎、

推特、臉書、「YouTube」和大多數公開網站，都值得提供，因為使用者的資料對潛在的廣告主很有價值。如果產品「免費」，其實**你才是產品**。在行銷學上來說，一直都是這個道理，只是它更直接適用在 Z 世代。

我們先稍為分解一下這些因素。我們在第三章中提到的全球有 27 億使用者及有 70 億支手機在使用，是允許彈射現象發生的新基礎。這種方便性或者是彈射的能力相當新穎，許多說法指出它是在 2008 年開始的全球不景氣中觸發，尤其是 2010 年蘋果電腦推出第一代的蘋果平板（iPad）。

蘋果平板起初受到強烈的懷疑：誰會需要「超大尺寸的哀鳳（iPhone）」呢？但在此後蘋果公司賣出 1 億 9,500 萬臺以上的蘋果平板，[3]點燃全球平板電腦大熱銷，從 2012 年的 1 億 1,600 萬臺，激增為 2013 年的 1 億 9,500 萬臺。[4]現在網際網路上首度出現數百萬的新用戶，這些使用者在許多狀況下過去從未碰過電腦。

要了解彈射現象，最簡單的方法是看圖 4-2，它顯示我們走向未來的不同方式。

第一個方式是試圖從現在（左下方），直接前往某個遙遠又具突破性的科技和一套新行為。其實這條路從未輕易通行。科技和行為必須綁起來同步演進。通往未來的另一條路是，透過左上方，科技變了，但起初行為還保持相當穩定，然後隨著時間進展及透過好幾代的科技而改變。我們稱之為「科技之路（Techie Path）」，這是一條很長的路，需要摸索經歷許多新

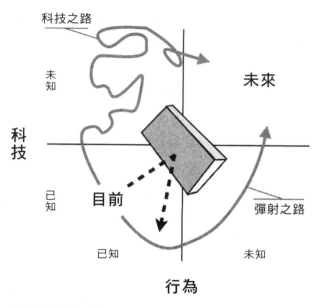

科技之路

未知

未來

科技

已知

目前

已知

未知

彈射之路

已知

未知

行為

圖 4-2　彈射到未來的路徑

左下方代表目前已知的科技和行為。如果我們試圖直接進入未知的科技和行為
之未來，我們很快就被彈回到現在。這就是個人數位助理器蘋果牛頓（Apple
Newton）和索尼電子書播放機（Data Discman）等產品碰上的問題。它們試圖賣
到沒有先例的科技空間，推動從未經驗過的行為。

經驗和科技；譬如，其包括從個人數位助理（Personal Digital
Assistant）演進到類似智慧型手機，這是發生在 20 年內的事情，
卻至少經歷 20 代的科技。可是一旦未來科技和行為被界定，也
得到社會大多數人的擁抱，那麼它們現在就被同步化，大多數
使用者就透過右下方彈射進入未來。這就是彈射，它最後成為
最快速且最少痛苦地進入未來的方法。可是它也是最受市場和

現有產品及服務提供者所貶抑的方法之一，因為它們選擇又長又費勁的科技之路。彈射最鮮明的例證就是谷歌的興起。當谷歌於 1998 年創業時，已經有一個健全卻又零散、複雜的三十年產業存在，這產業專注於文字搜尋和檢索，但谷歌能夠彈射超越所有這些競爭者，很快建立起實質的未來搜尋世界。

我們過去都錯了

我們這些長期上網的人應該坦白。我們一直都責怪反科技分子不願學電腦，事實上卻是電子工程師、科技怪傑和發明家把電腦搞得那麼難以使用。簡單來說，到目前為止，科技一直都「敵視使用者」，而非「對使用者友善」。

哪些人、為什麼選擇不接受超級互聯，關乎這些的長久迷思終於開始解開。被認為畏懼科技的嬰兒潮世代和熟齡（沉默）世代遲遲不肯上網是有原因的，出於畏懼的原因其實沒有比看不到上網的價值來得嚴重。並不奇怪，皮優研究中心和史丹福長壽中心（Stanford Center on Longevity）的研究發現，年長世代的「第一人生」其實有相當多的社交互動，「第二人生」的上線並不值得他們費心思（這點直到現在才出現變化）。

根據史丹福長壽中心主任蘿拉·卡斯廷森（Laura Carstensen）博士的研究，「不使用數位科技還有一個〔比複雜性〕更大的原因，就是看不到有什麼需要。就許多上了年紀的人而言，他們相當滿意他們的社交關係、他們的友誼，以及

他們和所愛之人的接觸。」[5] 然而，這個浪潮正在改變。突然間有許多理由應該上網，那就是他們可以和或許已經數十年不見的遠方親屬、朋友、舊日同事和同學校友聯繫上。事實上，佛瑞斯德研究（Forrester Research）有一項「數位耆老（Digital Seniors）」的研究，發現全美國有 60％的老人上網，其中 49％的人使用臉書。[6] 這個族群也是最快速成長的社群網站人口統計數字，[7] 和我們過去對誰會上網、誰在使用社群網站的觀念，完全相反。

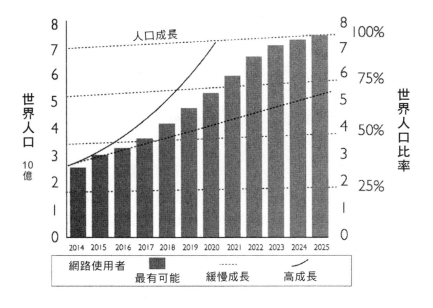

圖 4-3　網際網路滲透率會到達百分之百

雖然目前使用社群網站的人絕大多數是年齡層 34 歲以下族群，但根據全球上網指標（GlobalWebIndex）的研究顯示，[8] 不要再預期這個趨勢會持續下去。有一大部分世界人口，每年約兩億人，加入上網活動。我們預期這個現象會年復一年呈現指數型進展，導致全球在 2020 ～ 2025 年期間，網際網路滲透率會到達百分之百。

彈射的觸媒：有用又可用

原本迴避「新發明的網際網路」的人現在加入上網，不應該是神秘難解的事。時機終於對了，既有用又可用的科技已經出現，其價格又使得上網不再是「有它真好」，而是可以輕鬆體驗的「必需要有」。

我們請教約瑟夫・基布勒（Joseph Keebler）博士，他是研究科技設計要以人為本的心理學家，現任堪薩斯州韋奇塔州立大學（Wichita State University）心理學助理教授，兼訓練研究及應用認知工程學（Training Research and Applied Cognitive Engineering）實驗室主任。他描述大約已有 30 年之久、研究人類對待新科技的方法論，它始於 1989 年首創的科技接受模型（Technology Acceptance Model）。這個原始的研究是由現任阿肯色大學山姆華登商學院（Sam M. Walton College of Business, University of Arkansas）資訊系統教授佛瑞德・戴維斯（Fred Davis）所提倡，它集中在兩組問題上，一是科技對我們執行工

作有什麼影響（即有用與否），一是學習和使用科技的難易程度如何（即可用性）。

我們在這裡暫停一下。

假設你要預測：究竟是「有用與否」（也就是說使用者能看到他的工作因科技而更容易），還是「可用性」（也就是科技容易使用和易於學會），對科技的實際使用較有重大影響？這時，你認為何者會勝出？結果是，預測有用度較高的科技（即能使工作更容易）會成功者比預測較易使用的科技會成功者，多出50%。[9]當然，我們並沒有活在必須針對有用的平板或方便用的平板，兩者選一的世界；我們可以兩者都有，毫無疑問地也是希望兩者都要；這也肯定是試圖將新科技交到使用者手中的公司所要提供的。

你學到了嗎？如果你把科技鎖定目標在從沒用過它的族群上，那麼就要把焦點放在確保科技在你的目標市場有用。如果人們認為沒理由要擁有它，他們就根本不會要用它。科技本身觸動人心不在是什麼驅動它們，而在於它最好是真正有用。請記住，我們現在談的是彈射，也就是群眾如何採用新科技，而不是科技怪傑採用新科技。如果你傾向於走「科技之路」（如圖4-2），那麼科技本身可能在驅動你有所動作。

從另一個角度說，可用性確保不是科技怪傑的我們，不會被科技嚇壞或碰壁，這點我們在本章圖4-2已有討論。

當然，最理想的目標是結合高度有用的科技和高度可用的科技，創造新鮮的使用者體驗，邀請原先不認為有參與必要的

人加入。更加淬鍊的能力使得科技幾乎不費力氣就能使用。謹記：有用和好用完美結合是非常重要的，因為市場不知如何要求未來狀況的產品，人們沒有體驗過它，或是使其成為生活不可或缺的行為。街上充斥許多既無用又不好用的產品。

我們在討論本章其他主題：流動、遊戲和最終理想解（Ideal Final Result）時，還會見到有用和好用這個主題的回響。每一項主題都依賴有用和好用此一獨特性質來吸引和贏得使用者。基布勒博士提供一些例子證明，兼採兩者的公司如何認真看待使用者經驗和他們的解決方案，在市場上占了獨特優勢：

以蘋果網路電視盒（Apple TV）為例，遙控器非常簡化，基本上只有四個按扭：開／停、選項、選擇，以及一個包含幾項功能的按鈕，供使用者按動。現在拿它和你的數位視訊錄影機（DVR）或有線電視機上盒控制器作比較，後者可能有十幾個按鈕。半夜裡，你可以拿起蘋果網路電視盒的遙控器，不用思索就按那幾個按鈕，但是若拿了標準的遙控器，不開燈，你根本沒法用它；不論你已經擁有它多久了，都沒辦法。兩者都可用，也可以完成相同的目的，但其中之一明顯地更易使用。

基布勒博士的例證還可以加上新出現的聲控系統，如亞馬遜的火電視盒（Amazon Fire TV）、蘋果的「Siri」和「Xbox」的聲音辨識和姿勢啟動介面。這些科技全都朝簡單化發展，它開啟了機會可以彈射更多的使用者，因為它先去除掉每個按鈕、

允許使用者和裝置的互動圖像猶如與周遭的人交談一樣地自然，而非必須先把精力花在學習指揮鍵盤、操作滑鼠或使用我們這些年來所看到的任何更陌生介面上。

這也是為什麼業務使用者近乎普遍痛恨必須與科技「合作」的原因。科技理論上有用且可以幫助你工作，但實務上卻更加令人挫折、耗費時間才能使用它，尤其是與消費者科技一比，後者使用的介面不需訓練。你不妨想一想，你最後一次打開新買來的消費者科技時，有打開使用說明書嗎？

這不是直覺，但是人們在了解和使用早先的科技需要投資時間和努力，正是彈射會如此有意義的主要原因之一。原因是在投資偌大時間精通一項科技之後，大多數人所要做的最後一件事，就是前進到新科技，即使他們痛切抱怨他們所處的的情況。曾經被需要花很大力氣才能使用的新科技傷害過一次（或多次）的人，他們會積極避免新科技。這就創造出對變革的抗拒，也造成科技的使用超過它的有用生命。

問題出在科技固然也許可以逐步漸進，人類卻非如此。大多數人不願從他們已經習以為常的科技中改變，直到有強大理由非改不可和出現更簡單的替代辦法。結果就是一種壓抑下去的緊張，也就是一種積存起來的潛在能源，最後可把人類以非常突然的方式彈射到未來，一旦舞臺準備好了，他們可以飛越過去的經驗或刻意迴避的痛苦。

這有點像是美國 19 世紀作家華盛頓‧歐文（Washington Irving）的小說《李伯大夢》（*Rip van Winkle*）中的男主角李‧

范‧溫克爾（Rip Van Winkle）現象；許多人實質上沉睡、經過科技痛苦的演進，直到有一天在未來當中才醒來。他們打開電視機，看到許多廣告展示人們很輕易地錄下家庭錄影帶、拍照片、玩音樂、在平板上閱讀新聞，或在智慧型手機上玩遊戲，而突然間覺得他們也有理由使用這些新科技，它看來非常簡單嘛！這個道理很簡單嘛，對不對？因此除了少許例外，如哀鳳或音控介面之外，我們為什麼沒有每天看到真正有用又非常易用的科技？為什麼不是人人如此做？根據基布勒博士的說法，原因出在全世界不到一萬個夠格的專業人士注重有用和好用（它通常被稱為「使用者經驗」，或更正式地稱為「人的因素」），它是相當稀罕的技能，而且很少大學開這門課。

班特萊大學可用性實驗室（Usability Lab at Bentley University）是全美國頂尖的研究使用者經驗的科研單位之一，主持人比爾‧葛立朋（Bill Gribbons）認為有一部分挑戰是我們對使用者經驗的期待不斷在變化：「我們活在『經驗』經濟當中，我們期待東西非常強大、能傳遞極大的價值。長期下來，我們期待東西能更漂亮，傳遞愈來愈好的經驗。人生中每件事都如此，從關係到產品。五年前能討喜的東西，今天我們已經看不上眼。雖然它讓製造商抓狂，但卻是推動創新的力量。」[10]

蘋果、微軟和谷歌等公司定期尋訪青年人在使用者經驗範圍的意見；以這些公司設計產品的普受歡迎和有用性，它們能如此成功豈是浪得虛名！如果你是科技提供者，你能善於設計使用者經驗，你可以超越彈射，一舉就使人類大步前進。

譬如，蘋果在 2010 年 4 月 3 日推出第一臺蘋果平板，上市不到 90 天，蘋果平板就滲透進 50％的《財星》一百大企業中。[11] 伴隨著蘋果平板問世首日就熱銷 30 萬臺的強大需求，蘋果「iOS」裝置，如蘋果平板、蘋果播放器（iPod）、哀鳳等的應用軟體也飛越增長，從 2013 年 5 月的 500 億次下載，上升到 2013 年 10 月的 600 億次下載，到了 2014 年 1 月下載次數更達到 650 億。[12] 蘋果的「App Store」裡有一百多萬種應用軟體，到 2014 年初全世界有將近 30 萬名「iOS」開發者致力研發這些「iOS」應用軟體。[13] 這樣的增長率就如此一個新裝置而言，簡直令人無法相信。這就是彈射把潛在的能量力道一次釋出，不僅點燃「iOS」裝置的革命，也激生一個全新又非傳統的「應用軟體開發者」產業，依附裝置的出現蓬勃發展。

　　你會犯的一個重大錯誤是把遲遲不接受科技歸咎是代溝，把整個世代認為都有迴避科技的特性；這正是我們一向對「老」員工的刻板舊觀念，以為他們不接受科技。這等於是責怪使用者，有如經典喜劇漫畫家華德・克勞福・凱利（Walter Crawford Kelly Jr.）的人物帕哥（Pogo）說的名言：「我們見到敵人了，他就是我們。」

　　對於世代刻板觀念的關切，從我們進行 Z 世代研究聽到的許多評論就很明顯。有位受訪者在一家全球大公司服務，他說：「我們發現太多老員工看不起年輕人，而年輕員工也不相信老人能有什麼價值。我們遵循彼得・杜拉克（Peter Drucker）的建議，鼓勵人人挑戰自己的假設。我們也提供實習、教育訓練和

反向教導制。」另一位受訪人說：「我擔心的是每個世代都拋不開刻板觀念，將繼續聽任才智投閒置散，這不僅將影響這些個人的前途、也將影響公司的成功。」

這些問題不會自己解決、消失；它們必須由領導人積極處理，才能防止它們在組織中構成世代梗阻。我們覺得舒坦可以畫出一道描述不同世代特質的線，其實這條線是隨意畫的。阻止人們使用科技，主要倒不是因為害怕科技或缺乏技能；更常見的原因是，不問年紀大小，被貼上科技恐懼症標籤的人還看不到要使用此一科技的理由。

同時，我們也要持平地說，許多人經歷所有各世代的科技，從主機到智慧型手機，這條漫長學習科技的路，也不乏一種心態，就是不肯相信不熟悉科技的人也能調適並且接受科技。我們在研究中遇到一位中年受訪人，他說：「我不曉得為什麼我這年齡層的人，不爽年歲大的世代能做到如你所說的彈射，而不去擁抱科技能使我們大家有共識這種想法。有許多科技烈士希望記住我們擁有康懋達桌上型電腦（Commodore）、點陣式印表機和撥號數據機的日子。『我們太酸溜溜了。我們必須相互諒解，他們也應該如此。』」

即使智慧型手機和平板或許是某些人彈射進入現代網際網路的起始切入點，這也不保證就有力量能贏得新使用者的心力和腦力，以及更重要的，他們的時間、金錢和注意力。最有用和好用的應用軟體可以剔除阻擋人們簡易使用裝置的障礙。今天的開發者愈來愈注重「誘惑」或「上癮」的經驗（猶

如零食業者所謂的「渴望」），把應用軟體帶到完全不同的藝術和科學水準；這水準根據米哈里‧齊克森米哈里（Mihaly Csikszentmihalyi）的說法，它是可以量度的現象。齊克森米哈里是克萊蒙研究生大學（Claremont Graduate University）心理學及管理學教授，也是生活品質研究中心（Quality of Life Research Center）共同創辦人。他在 1997 年的著作《流通：最佳經驗心理學》（*Flow: The Psychology of Optimal Experience*）中，披露他的理論：人類處於流通狀態時，最為幸福快樂。**流通就是我們除去完全參與到某一活動之中會碰上的大部分障礙那時的心理狀態。**[14] 企業及消費者科技供應商開始體會到，協助人們達到某一程度的「流通」，是他們應該努力的事。

協助人們有效運用科技去遊戲、教育或企業運用背後有個關鍵概念，就是維持他們處於流通狀態。流通類似一個「適居帶」（Goldilocks Zone），這裡頭所有會成功的變數全都合適；它們既未刺激不足和感到無聊，也沒有過度刺激和焦慮。長期下來，處於流通狀態的人覺得愈來愈受挑戰，而他的技能也增進。

流通或許看來是相當抽象、難以達成的情境，但這兒正是數據化（衡量行為和蒐集行為數據），和所謂遊戲化（把數據化為可行動的資訊）起作用的地方。為什麼？因為我們不只是因為它是很棒的心態，就想要建立流通，而是因為它讓人們更有興趣去做他們在做的事。

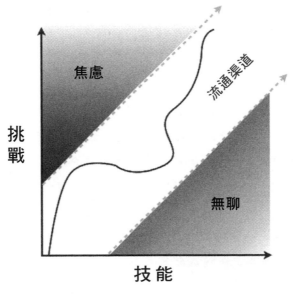

圖 4-4　留在流通渠道裡

流通最適合的定義就是，它是平衡執行某一任務或活動的挑戰及技能之間的渠道。如果挑戰和技能不吻合我們的能力，我們會感到焦慮或無聊。這是了解任何學習環境都算最重要的要素，因為留在流通渠道裡，使我們能不斷學習和開發技能，並接受更大的挑戰。

遊戲化

　　遊戲化是近年才出現的一個名詞，指的是設計來追蹤和增進消費者或員工參與的一套科技。儘管第一個印象是它只是遊戲設計師的東西，這個領域是個新焦點，我們將在第六章〈以世界為課堂〉來破除這個迷思。

遊戲化平臺廠商邦注寶（Bunchball）執行長拉傑特・帕哈里亞（Rajat Paharia）是遊戲化科技最早的提供者之一，他給遊戲化下的定義是：

**　　遊戲化就是透過數據激勵人們。**

　　我們全都變成會走動的數據發電機，我們在職場上所做的，以及身為消費者所購買和使用的，全被科技介入。它甩掉「大數據」，可被追蹤及運用來激勵人們，使它們變得明顯可見、據以行動。

　　範例可以在營業員當中製造競爭，逼他們比同部門其他人賣得更多、在每季更早達成銷售目標，或是在他們的銷售管道中布下某些線索。

　　在顧客服務中心中，可以用來激勵員工達成顧客滿意度的特定指標，譬如較高的「顧客推薦度」分數（一種常見的行銷測量工具、用來衡量顧客忠誠度；它詢問顧客有多少可能性會推薦一家公司、產品或服務），同時還維持較低的通話時間。

　　遊戲化有時被稱為「在非遊戲情境採用遊戲化機制，以驅動使用者行為」，它延伸出一個問題：「如果我不是遊戲者，這如何適用到我身上？」

　　帕哈里亞自從 2007 年創辦邦注寶以來，對這個問題已經答覆了數千次：

人們通常會問我們：「我可以看到這一套適用在小孩身上，但為什麼在高階經營主管身上它也會有效呢？」好吧，我敢打賭高階主管很介意他們搭乘飛機時的地位問題，也很以此地位自豪，對不對？他們被升等到頭等艙、優先登機、比一般旅客得到更好的對待。

你在軍中也看到同樣的行為，軍人非常介意他們的階級；這一點和高階主管沒有兩樣。你若是向他們說：「我不會更動你工作上任何事情，你照樣讀到同樣的報告、拿到同樣的薪水、負責同樣的職掌，我只要拿掉你名片上『資深』這個字，你只是『副總』。」他們會有什麼感受？你沒有拿掉任何有「實質」價值的東西，但是你很清楚已經拿掉他們心目中很有價值的東西了，對不對？那玩意兒就是地位。

「地位」本身是無形的，它代表我在社群中的資深、我對它的投入、我的經驗，以及因它而來的福利及特權。這正是遊戲化的關鍵。它和年齡層不相干，這是一般、典型的人類行為，它激勵人們而無關乎他們的年齡。

關於遊戲化，你需要記住：最能鼓舞人、能抓住注意力的經驗是，能夠給你指導，看清楚你的位置、點明你還要走多遠，並且逼著你走向流通狀態的經驗，在流通狀態下你受到足夠的挑戰不斷前進，但又不會碰上障礙，造成恆久的挫折。

某些最成功的遊戲化應用軟體和科技都能採用高度個人化的角度切入。過去有多少人每天好幾次測量自己的心跳？現在

有智慧型手錶，如倍基石（Basis）等，會追蹤心跳率、流汗情形、走了多少步、上了幾級樓梯、燒了多少卡路里。附帶一提，倍基石推出時，是透過眾籌管道集資最成功的智慧型手錶之一，銷售之前就募到一百多萬美元資金，後來這家公司在 2014 年初被英特爾（Intel）併購。

穿戴裝置龍頭廠非比特（Fitbit）的手鐲或皮帶夾也是類似的裝置，它可以顯示你走了多少步，距離每日目標還差多少，以及你當天的施力水準（即有多少次把心跳率提升到有意義的水準）。你可以和朋友比賽彼此的進境，或是加入一個訂下共同目標的社群，譬如相約集體努力在幾個月內累計步行繞地球一周。

「我的健身夥伴（MyFitnessPal）」這個應用軟體可以讓你掃描絕大多數商業產製的食品和飲料的條碼，自動化追蹤及計算你每天消耗多少卡路里，提供長期趨勢；換句話說，顯示你的起始點，計算你是否符合每天的攝食目標，也追蹤你的體重、體內脂肪百分比和含水重量百分比。

在大部分狀況下，做這些事易如反掌。你不用再自己監視運動狀況，只需要戴上感應器，它就會一直追蹤狀況，向健身軟體回報。你不用特別注意吃什麼、喝什麼，只要把智慧型手機照相機對準某個物品的條碼，它自己會進入你的攝食應用軟體。

基布勒博士把這些儀器稱為「認知輔助器」，即我們在第三章中提及的「外掛大腦」。這種自我追蹤的構想通常被稱為

「量化自己」的運動，愈來愈多人幾乎把他們生活的點點滴滴都要測量，尤其是健康指標。當你結合對自身行為的直接監視和社會支援機制（如朋友或同儕集團）時，結果可能十分驚人。

譬如，體重觀察家（WeightWatcher）的研究顯示，減輕體重且維持成果的人，有80％具有社會支援；減重後旋即又變胖的人，只有30％用了社會支援。[15] 體重觀察家此後在五十多年的存在期間，擴大他們的親身支援系統，譬如替全球會員設立共同支援的網上社交群組，承認新發現的超連結能力無邊，可以運用大多數人手中即有的社群工具增強傳統的社會支持。

數據和社會支援的雙管齊下，直接符合Z世代的期望，他們認為生活就是不斷的回饋和社會互動，不問情勢如何。

數位健康是最新且成長最快的興趣範圍之一，「智慧裝置」一路打前鋒。消費者電子協會（Consumer Electronics Association）在2013年有一項調查發現，33％的行動裝置所有人在過去12個月，曾用他們的裝置追蹤自己健康的某些範圍。2014年1月舉辦的消費者電子品大展（Consumer Electronics Show），在這全世界消費者科技業者最盛大的集會上，數位健康足跡（攤商及贊助商所用的實質空間），比前一年成長40％。[16]

皮優網際網路暨美國人生活計畫（Pew Internet and American Life Project）於2013年元月發布的報告，援引2012年中期蒐集的數據，指出美國69％的成年人追蹤至少一項健康指標，即體重、飲食、例行運動或症狀。[17] 但是和遊戲化的應用軟體或穿戴裝置不同，49％的受訪者說，他們「用自己的腦子」

來追蹤進展；34％寫在記事本上；21％使用試算表等科技來追蹤自己的健康資訊。然而，所有這些方法都會有一段時間落差才進行追蹤，也就是在事實鑄成後才做，而不是在當事人運動、吃飯或睡覺之同時自動測量，這就使得數位健康市場有極大的競爭和創新空間，讓健康追蹤和回饋成為關心其健康習慣的人士幾乎見不到卻又永遠啟動的偵測工具。

基布勒博士和我們談話的結論是：

你所說的彈射現象，其科學背景就是接受科技和最佳經驗的結合。有人碰到新科技，直接就閉門不納；也有人願意且有能力嘗試，可能立刻接受它或是需要旁人稍為推他一把。你可以說，有一股「彈射」能力，能夠跳上去、試試新科技的功效，這裡頭就會出現差異。然後一旦他們用上手，發現「啊，我可以用它做這、做那」，它就出現級聯效應。

這股級聯效應就是超級互聯和彈跳的結合；也就是網際網路和裝置的連結超過「還算不錯」的程度。它允許任何人只需小小投資、幾乎不用太費勁，就能上網，得到效用。

這是怎麼辦到的？介於試圖要做的人及其要使用的科技之間存在的每個障礙，你都必須移除掉。鎖定最理想的「藍天」版本科技為目標，將會有助於他。

走向最終理想解

不久之前，你若要分享一段影片，必須先將它錄在錄影帶上，以特殊器材將錄影帶數位化，編輯它的大小和內容，把完成的錄影帶檔案輸出，保持較小的壓縮版貼到網上，然後終於可以透過電子郵件把它傳給家人或朋友。這個過程和所需的器材可能花掉你好幾千元，使得製作子女演唱會的30分鐘錄影帶，折騰掉好幾星期的時間，簡直可以角逐奧斯卡製作獎，或至少「模範父親」獎。如果你還保有全家出遊的 8 釐米底片或 VHS 錄影帶，想想看你會有多經常與不住你家的親友分享它們；我們敢打賭，你不太會經常分享它們。

今天要拍一段影片和上傳，最多只是一、兩個步驟的事情，你可以直接在臉書、推特或智慧型手機或平板的照相機應用軟體上進行，它們讓你透過多媒體簡訊服務傳給其他的手機使用者，不需太費周章就透過電子郵件，或貼在「YouTube」、臉書或藤蔓（Vine；是推特旗下一款免費行動應用軟體）上傳遞出去。這種科技的簡單化建立在所謂「最終理想解」的概念上，是蘋果、谷歌、三星、樂金（LG）和奇異等創新公司所樂用。儘管從精製工廠到奈米科技公司，企業界許多行業使用它已超過 60 年，它還不是眾所周知。「最終理想解」指的是沒有原始問題拘限的解決方案。對於「我想要和家人、好友分享家庭影音」這個問題的解決方案，從冗長、昂貴和複雜的過程，變成除了利用一部「連結」的裝置對準、拍照和分享之外，幾乎不需任

何步驟的事。

你可以在許多領域看到走向「最終理想解」的趨勢。譬如，數千年來洗衣服的方法是在溪裡的石頭上拍打。然後在 1797 年，洗衣服的程序前進到以手工在一塊洗衣板上搓洗，再於 1858 年進化到用手搖動的滾動式洗衣機，然後是 1908 年的電動洗衣機，1940 年代又出現今天大家熟悉的有攪拌器和自動化脫水的現代化洗衣機。21 世紀又流行起前面置入、蒸汽洗滌的洗衣機，比起傳統的由上面置入、由攪拌器驅動的洗衣機，它們可以少用 77％的水和 81％的能源[18]；也就是透過超級互聯，當衣服洗好了，還可在智慧型手機上通知你。

與前幾個世代的科技比較，我們今天所取用的科技代表著彈射的縮影，它已在激烈降低需要完成任何複雜或手動工作的力氣。過去大費周章的事，今天幾乎不費吹灰之力。以我們提到的非比特和谷歌眼鏡等穿戴裝置為例，它們都是追求「最終理想解」的明確例證。由於它們透過電子連在你身上，簡直就是「一直存在」，它們融入背景裡，成為你渾然不覺的一項體驗，彷彿數十年來的普通眼鏡或隱形眼鏡。

推動「最終理想解」的科技還有另一面向，它們納入原本多種裝置，或是變成單一、無縫經驗在運作。然而，「最終理想解」的概念有點用詞不當，因為結果並不是最終目的地；它是走在不斷增進整合和簡化的持續性道路上。

彈射會加速，而且其效應會隨著時間進展，科技整合和簡化而又擴大。這是一個持續的過程，因為科技會在不同時間階

段成熟。有一個例子即多種裝置整合起來，譬如靜態照相、視訊、音訊記錄、音樂隨聲聽、全球定位系統、健康偵測器、手電筒、計算機和電腦功能，都可以整併到智慧型手機裡。創造走向愈來愈接近「最終理想解」之科技趨勢（見圖 4-5），已在加速前進，每一新的創新或改進周期都建立在前一周期的成功之上，進一步增強彈射現象。譬如，今天的蘋果平板、哀鳳和蘋果播放器，全都是蘋果電腦公司的 iOS 產品線裝置，其和 2001 年 10 月 23 日首度問世的第一支蘋果播放器，面貌已大不相同。

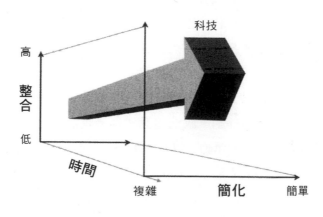

圖 4-5　走向「最終理想解」

東尼・法戴爾（Tony Fadell）在蘋果電腦擔任產品設計師，10 年期間帶領團隊創造頭 18 代蘋果播放器和 3 代哀鳳。這代表 10 年內總共有 21 代的裝置。即使許多蘋果播放器和哀鳳幾

乎是相同的裝置，差別只在於它們是否包括手機科技而已；這是相當了不起的濃縮期限。

相形之下，微軟則一向以 3 ～ 5 年為生命期推出新產品而著稱 [19]；譬如，它在 2001 年底推出「Microsoft XP」、2006 年推出「Window Vista」、2009 年推出「Window 7」，而「Window 8」在 2012 年底推出。

雖然彈射愈來愈強的影響，持續為不同的世代建立新橋梁，你不能一廂情願以為人人會接受 Z 世代的特質。我們從反向教導制上看到，也需要有文化觸媒去影響向新行為演變。

一部分的挑戰是要如何回答這個問題：「你能做些什麼，去擴大已經成為 Z 世代（因出生或因選擇皆可）的同仁其影響力，來協助尚未成為 Z 世代的人採取步驟，幫他們跳進新的運作方式？」

這是從財富轉到影響力的大改變，代表最大的單一社會變動，影響到消費者採購、政治運動和從網際網路問世之前民權時代各式各樣的社會運動，以及 1960、70 年代反戰運動。這些將在下一章深入探討。

行動篇

向 Z 世代領導人學習

- 蘿拉·卡斯廷森博士，史丹福長壽中心主任

- 基布勒博士，韋奇塔州立大學心理學助理教授，兼訓練研究及應用認知工程學實驗室主任

- 比爾·葛立朋，班特萊大學設計及可用性中心創辦人及教授

- 米哈里·齊克森米哈里，克萊蒙研究生大學心理學及管理學教授

- 拉傑特·帕哈里亞，邦注寶公司執行長

- 東尼·法戴爾，「Nest」創辦人兼執行長

你準備好接受 Z 世代了嗎？

- 你在上班時所用的科技（或你可能研發的科技），有多少是對使用人友善，或對使用者不友善呢？

- 你能舉出你曾有過或是近距離見過的彈射例子嗎？

- 你是否相信老一代根本就得了科技恐懼症，因此絕對搞不懂科技呢？

- 如果你創造消費者為主的科技（而非企業為主的科技），那麼你有多執著於使用者經驗呢？你曾是雇用使用者經驗此一領域的專家嗎？

- 從 1 ～ 10（10 為最佳），你所使用（或製作）的科技有多簡單、好用呢？

- 你有經常發現自己處於你所使用的科技之流通狀態嗎？（如果你負責開發科技，請從使用者角度回答問題。）

- 你使用遊戲化鼓勵員工和使用者嗎？

- 你用了什麼商品或服務，能盡可能把你（或你的使用者）的經驗移向「最終理想解」呢？

- 你的公司如何利用「最終理想解」替顧客簡化世界呢？你是否利用它引進新顧客，使他們可能在等你採取下一步，才好彈射向前？

你要從「GenZEffect.com」接受全面評估，找出你是否已經準備好接受 Z 世代效應。

5

由財富轉向影響力

過去影響一切，卻決定不了任何事。

——亞當‧菲力浦斯（Adam Phillips）

在本章將討論一個最重要又或許最有爭議的 Z 世代問題：從財富移向影響力。我們首先討論 Z 世代採用超級互聯把權力轉移向有影響力的網絡和社群，創造出我們所謂的彈性影響，然後我們檢視過去一些研究，其有關透過心理學家羅伯特‧席爾迪尼所謂的六大說服原則發揮影響力的方式。然後我們轉向行銷時所使用的勸說機制，以及它們如何讓 Z 世代從「付費廣告」變成「從社群網絡贏得粉絲群」，以及如何衡量從社群網絡贏得粉絲群的效力。我們也將探討企業內部影響力的運用，及其在聘僱 Z 世代員工和衡量其表現時所扮演的角色。最後，我們檢視大數據的角色，以了解 Z 世代的行為。

Z世代人口金字塔向上及向外延伸，逐漸形成摩天大樓形狀，它的改變打破許多我們對世界如何運作的假設；而在這改變下，財富與影響力這兩個最基本架構之間的關係也出現深刻變化。影響大眾的力量一向是社會和商務如何運作的一個重大部分。然而，直到1800年代，影響力是個高度地方性的活動，受到缺乏現代通訊和運輸的限制。請記得，即使電報和蒸汽船直到1800年代初期也還未出現。一直要到這兩項科技問世，再加上鐵路和發行廣大的印刷媒體擴大，以及無線電和電信最後在1900年代初期問世，影響力才成為可以購買的商品，個人和實體透過它可以接觸到群眾，並且構成輿論。

　　這就替現代的影響力載具奠定基礎；過去一百年，影響力載具大多由大型媒體帝國掌控，它們是現代歷史某些最富裕和最有勢力之人士的擴音器。最著名的早期代表人物即威廉・蘭道夫・赫斯特（William Randolph Hearst），他在1887年由父親手上接下《舊金山檢查人報》（*San Francisco Examiner*）發行人職務。有趣的是，威廉的父親之所以擁有《檢查人報》，是因為原來的東主賭錢賭輸，拿它抵債；如果不是如此機緣巧合，威廉一生事業及現代影響力的模式也不會有後來的一段發展。

　　赫斯特把他的媒體帝國擴大到擁有二十多家報紙，每4個美國人就有一個人要靠他的報團汲取新聞，後來他在1920年代進軍廣播電臺事業、1940年代再踏進電視事業。有人估計赫斯特的淨值在巔峰時期達到300億美元，若換算成今天的幣值，比爾・蓋茲根本望塵莫及。事實上，從購買力角度計算，赫斯

特的家產相當於今天的 5 兆美元，即美國目前每年國內生產毛額的三分之一左右。赫斯特生活的時代，財富驅動影響力，透過龐大的分銷網把媒體實體交付到民眾手中，建構起空前無比的影響力。

以這樣的規模大量分銷印刷媒體是一項革命創舉。從許多方面來講，這種分銷網就是早期超級互聯的原始類似形式，它需要極大的資源和極大的金錢，才能把一個人的思想傳播到其他許多人。可是它為媒體事業立下根本的商業模式，直到今天

圖 5-1　威廉‧蘭道夫‧赫斯特
赫斯特的廣告模式界定了 20 世紀付費廣告的營運模式。
圖片來源：（美國）國會圖書館暨照片部門（Library of Congress Prints and Photographs Division）

仍在運作；這個模式就是，首先買下觀眾，然後讓廣告主付錢買機會影響這些觀眾，然後再回到第一步重覆上演，影響力就如此周而復始上升。

然而，我們在影響力重新分配的路上走了很長一段時候，才從只有少數人擁有內容及傳遞它們的媒體，進化到今天內容何其豐富的社會，將近 10 億個網址、每天有 4 億則部落格貼文。**媒體民主化是 Z 世代改變財富與影響力之間關係的一個重要礎石。**

影響力和其他大規模破壞性武器

財富，我們很容易了解；它的跡象和它對世界的影響，就在我們周圍，它是每天轟炸我們的訊息之根基。然而，影響力就有點神秘，儘管它已經受到學者正式研究逾 30 年。這個領域的先鋒研究者羅伯特・席爾迪尼博士（Robert Cialdini）被譽為「影響力之父」。席爾迪尼博士是亞利桑那州立大學心理學及行銷學榮譽教授，1984 年出版專書《影響力：讓人乖乖聽話的說服術》（中文版書名；英文書名：*Influence: The Psychology of Persuasion*）。這本書修訂增補版改名《影響力：說服的六大武器，讓人在不知不覺中受擺佈〔個案升級版〕》（中文版書名；英文書名：*Influence: Science and Practice*），目前英文版是第 5 版，30 年來已賣出逾百萬冊。

社會影響力典型與精通說服有關，如行銷專家、業務人員

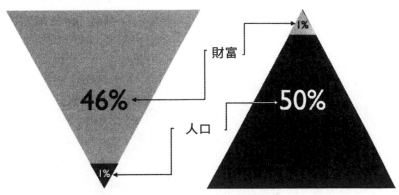

財富金字塔
全世界 1%人口擁有 46%財富，
影響力由有錢人付錢和擁有

影響力金字塔
全世界 50%人口擁有 1%財富，
影響力透過社會運動贏得和集中

圖 5-2　財富與影響力金字塔

全世界 1%的人擁有令人驚詫的 46%財富，而且一直以來掌握絕大多數影響力，而全世界 50%的人合起來只擁有 1%的全球財富。可是，如果這 50%人口能夠連結起來，協調妥當他們的努力，他們影響力的規模將會結構性地改變商業和政府運作及決策的方法。

與政客。這些人擅長打動人心，經常在我們還沒搞清怎麼一回事之前，已經讓我們掏腰包，然後才回過神來。然而，這不是席爾迪尼博士所謂的說服。他的觀點強調合乎道德的說服，有助於對話的雙方。

　　席爾迪尼博士把影響力帶到全新的層次，把它當作科學研究，把說服及影響力最連貫一致的原則歸納為六大項；其符合 Z 世代精神，不問人的年齡或他們居住的地理及文化。[1] 我們在

看席爾迪尼博士的六大說服原則（它們合起來形成影響力的基礎）時，請記住我們注重的是，如何可以運用它們建立信賴和社群的結合。

1. **互惠**：人們會回報賜惠的原則，譬如拿了免費樣品後會買某一產品。這包括「搶先付錢」和收受及賦予個人恩惠。

2. **承諾與一致**：指的是人們不論是口頭或書面對某個想法或目標作出承諾，他們比較可能履行承諾，因為文化期待你「言出必行」，特別是你公開承諾的話。宣誓效忠和在公司集會或在支援團體公布目標，都是例證。

3. **社會證明**：指的是人們會做他們看到別人在做的事，有樣學樣，即使他們通常不會率先做這種事，或甚至是強烈反對別人那麼做。有一個著名的實驗：當一、兩個人先抬頭望天空時，路人跟著抬頭看天空，心想他們在看什麼呀，結果一群人都在仰頭看，其實什麼也沒有。這就是群體行為在牽引。

4. **權威**：指的是人們傾向於服從權威人物，即使被要求去做不當行為。這包括良性的例子，譬如病人不會質疑醫生，深怕會冒犯醫生；另外也有一些服從權威的例子。廣告上的演員穿上醫師白袍侃侃而談；白袍和掛在脖子上的聽診器讓明明不是醫生的人平添權威架式。

5. **愛屋及烏**：是指人們很容易被他們喜歡的人，如名流所說服。名流行為舉止不當，容易被原諒，只因為他們知名度高。這正是特百惠（Tupper-ware）等公司銷售策略背後的原則，它們主要依賴女性售貨給朋友和親戚。臉書上的主要活動是「給

個讚」並不是意外，它是跟著類似的一群人喜歡相同的想法、政治、音樂或產品的第一步。

6. 稀少性：是指被認為「稀罕」的東西顯得更有價值。限時限量的廣告通常可以激勵銷售。然而，公司或個人若經常要這一招，就會發現「假性稀少」到頭來會作法自斃。

按照席爾迪尼博士的看法，這些原則遠比人們被畫歸為某個年齡層來得重要。它們是了解個人及團體行為時的新革命。

分析與自動化影響力

為了以更科學化的方法了解影響力的效應，有人開始把行銷算式和實驗活動納入說服技術之中。這使得行銷者能藉由持續測試影響力技術為基礎，把訊息個人化，針對每個潛在客戶發揮作用。

我們本身和企業界合作，尤其是涉及到消費者空間時，我們發現個人化是建立信賴感最強而有力的工具之一。它導向被認為對買賣雙方都合乎道德和有價值的說服。藉由衡量人們對不同說服原則的反應，公司可以建立以個人為本的「說服力分析」，使公司可以了解在網路及實體行為上相當流動的潛在客戶。

阿江·哈林（Arjan Haring）是阿姆斯特丹科學滾石明星公司（Science Rockstars）行銷副總裁，它們採用席爾迪尼六項說服原則為基礎，建立和衡量說服力分析。他告訴我們：「有些

人會被稀少性說服,假如他們在書店買書被稀少性說服,那麼當他們在網路訂機票、或其他種種類別時,就更有可能被稀少性說服。這是一種穩定的人格特質。」

席爾迪尼的這六項原則源自面對面銷售、電話招攬和傳統行銷的研究,「科學滾石明星公司」則藉由建立可用在網路、也可用在即時的資料帶動之說服力分析,把這些原則帶進數位時代。這對向 Z 世代行銷有激烈的影響。本書寫作時,說服力分析還只純粹運用在網路上,但是零售店裡已經在進行初步試用;這些試驗是把說服力分析的資訊供給營業員,因此他們了解常客會如何反應,可以減少面對面銷售的摩擦。

譬如,下一代零售(RetailNext)是一家大數據解決方案提供商,它的客戶有布魯明岱百貨(Bloomingdale's)、溪石百貨(Brookstone)和家庭平價百貨(Family Dollar)等公司。它透過從 6 萬 5 千個感應端,包括無線網路、錄影機、銷售時點情報系統、藍牙及其他來源,進行資料的蒐集,每年分析 8 億多人次的購買者行為。**令人驚詫的是,光是一次採購就會產生平均一萬個資料點;換句話說,下一代零售現在每年要分析 8 兆個資料點。**

下一代零售公司研發副總裁喬治·蕭(George Shaw)說:

今天的零售業者對於依據事實了解到的實質購買世界之知識,有極大的需求。我們和 120 個品牌及零售業者合作,根據對他們店裡人們行為的了解,改善人員、店舖擺設、布置和行

銷活動。我們不只看來容量或銷售數字，還透過蒐集、對比和分析許許多多不同的資料來源，正因如此下一代零售公司才會這麼強大。[2]

Z世代開始期待這種對他們行為的深入了解，及其帶來的精準度，它使得零售業者能夠提供符合其需求、價值和行為的經驗。我們曉得你現在這一刻可能覺得：「且慢，這很令人毛骨悚然耶！我怎麼會希望你知道如何最能說服我？」這就是為什麼我們需要以新方法正視影響力這個議題，捨棄它過去的操縱意涵。

假設你要買個廚房家電用品，就說冰箱好了。你可能在網路上找，也可能到實體店去找。不論是哪一種，零售業者很容易運用幾項席爾迪尼的說服原則，讓你的經驗很愉悅。曉得你會最放心購買你最活躍於社群媒體的好友曾經買過的品牌（即所謂愛屋及烏）；你很難決定花大筆錢買東西，通常都在特售會即將結束或某型號將要停產才要買東西（即稀少性）；你對會回饋你所居住社區的業者感興趣（即互惠）；零售業者可藉此引導你做出符合你的價值觀且讓你覺得舒坦的決定。

是的，我們預料到你會說：「我可不要零售業者知道我這些事情！」但是，你的信用卡公司已經知道了。有關你購買習慣的資料已經存在。這不是你的行為不要被掌控的問題；這是每個購物經驗產生一萬個資料點的問題。不存在的是搞懂箇中意義的連結性。我們知道，行為遭到如此追蹤，頗有歐威爾小

說的意味，但是目標不是要說服你，你需要一臺冰箱，而且你已經決定要買冰箱了，其目標是要找出哪一款冰箱最符合你已經展現的行為模式。

如果你是 Z 世代一員，你會把能提供這些服務的零售業者當作最了解你的需求和興趣的商家，也最能夠被你信賴。事實上，我們可以說，你會不信任太懶，或太陌生、不知如何「爭取」你的零售業者；就好比你經常光顧的本地商家忘掉你的名字，或是你才剛向他買了 20 加侖白色油漆，他卻不記得你家房子的顏色。

以影響力驅動的數據行銷法完全關注在所謂以證據為本的行銷，以及了解何種數據具有長期的預測價值。這和反覆向廣大受眾播放相同的電視廣告不一樣，也和以 A、B 組測試哪一種廣告最有效果不一樣。大眾方式經常追求的是廣泛基礎、生命期短的趨勢，它把人群分類，而非當作個體看待。

你不妨改用這個方式想一想。如果你有選擇，你會找什麼人買東西？是一位「已經認識你多年，了解你的價值和喜好厭惡，希望更了解你，以便維繫你這位客戶」的人；還是只想把他手上的貨賣給你的陌生人？答案很簡單，不是嗎？這正是我們想讓你明白的一點。

我們未必需要害怕行銷者了解我們的行為；我們害怕的是被科技誤解。然而，害怕科技不是 Z 世代會在此討論的議題，因為他們的生活一向就被科技搞得相當透明。

雖然專注在以證據為本的行銷似乎很新穎，其實就許多方

面而言，它還是回到初期的直接行銷（向潛在客戶分發明信片或專屬信件），克勞德·霍普金斯（Claude Hopkins）是開創先鋒。他在 1920 年代寫說：「時間已經到來，廣告在某些人手中已到達科學的地步。」他對高度個人化和以影響力驅動的行銷相當讚許：「我們必須關注到個人。我們在廣告中對待人，應該像對待他本人一樣。」這個觀念已經存在將近一百年。只是今天我們才有科技讓它能夠實現。

對了，還有一點很重要，值得一提，那就是在說服力分析中發現的特質與年齡毫不相干，這表示我們打破以世代作為工作模式。科學滾石明星公司副總裁阿江·哈林提到他的說服力分析工作：「看著年齡，就好像注視你的郵遞區號一般，沒什麼預測價值。」到目前為止，哈林沒看到任何跡象可說是針對六項說服原則任何一項的反應，與某特定世代有關聯。席爾迪尼提到，這只是對影響線索的基本人為反應。反之，固然地點或許有助於鎖定宣傳郵件撒向適當地區，而知道家庭所得可能指出值得推銷的商品或服務，有關年齡的資料它本身並不指出收件人是否將以某種特定方式回應某個行銷或銷售訊息，而他們對席爾迪尼提到的六項說服原則的行為反應也和年齡無關。

以影響力為本的行銷和銷售力自動化，目前還在胚胎時期，而行銷者對於各種力量是如何與個別消費者互動，還有許多地方有待學習。如果你有興趣在你本身的行銷中追求這一點，哈林的建議是，專注在社會證明、權威和稀少性的說服原則比較合適。這些是最容易執行及清楚了解的東西，使它們務實地基

於你本身的目標發揮影響力。不論你怎麼看待說服力分析，它還只是影響力金字塔頂尖的一小塊。

對行銷的歌頌：POEM

我們了解影響力演進的下一站是「POEM」。它不是對行銷力的歌頌，倒比較像是對 Z 世代行銷人了解如何影響其潛在或既有客戶的禮讚。POEM 是指由付費廣告（Paid）、自有平臺（Owned），以及從社群網絡贏得粉絲群（Earned）而成的媒體（Media）。

付費廣告

除了我們透過「YouTube」、推特在網頁上開始看到的那種傳染力極大的影響之外，影響力過去是由富人和公司買下及付錢的，不足為奇，創造出所謂「付費廣告」。這就是我們多數人熟悉的電視和電臺廣告、報章雜誌廣告、看板、海報等。

過去兩百年的大眾傳播史，如果你想認真發展公司業務，你必須付錢買影響力。在報章雜誌、電視電臺之外，公司想要大規模影響市場，不找它們還真沒有別的選擇。可口可樂、耐吉球鞋（Nike）、百事可樂、IBM、安海瑟布希啤酒（Anheuser-Busch）、寶鹼（Procter & Gamble）等公司，以及其他許多品牌，由於歷史悠久、廣告預算龐大，在市場上占有極大優勢。**事實上，寶鹼在美國全年廣告預算高達 30 億美元，比 29 個國家的**

國內生產毛額還大；它的全球廣告預算 90 億美元，超過 50 個國家的國內生產毛額。[3] 另外，根據寶鹼自己的說法，公司在美國預算有 35％用在數位行銷上。由於如此令人難以相信的廣告大轟炸的結果，這些品牌在全世界家喻戶曉。阿姆斯特丹傳播研究學院（Amsterdam School of Communications Research）有一項研究顯示，連兩歲大的小孩都能從全球 12 大主要品牌中認出 8 個來。[4]

這種認知度使得品牌居於其他任何公司艷羨而又不可得的地位，因為其他公司不可能有巨大品牌能夠支配的龐大廣告費用。你可能會想，像可口可樂這樣一個品牌屹立數十年之後已經深植人心，可以不再需要付費廣告就持續下去。有需要再花費鉅大的廣告費用嗎？任何一位廣告業者都會說：「當然需要！否則，競爭者就會趁虛而入，很快就蓋掉你品牌的光芒。」

廣告界大師艾爾・賴茲（Al Ries）和傑克・屈特（Jack Trout）1981 年的大作《定位》（*Positioning*）是現代廣告學經典之作。他們一再叮嚀、反覆強調，品牌是影響受眾最重要的武器，它迄今肯定仍是傳統企業花錢做廣告的圭臬。

然而，儘管賴茲和屈特反覆灌輸品牌的重要性，你沒有辦法「擁有」某個人的思想。大量做廣告只是我們迄今所知道的最佳唯一方式。在沒有更高明的辦法下，它成為想要塑造品牌形象的每家公司順理成章的方法。認識付費廣告同時兼具力量和弱點，是了解目前正在從財富向影響力演進趨勢的關鍵。

如果你還認為要讓受眾謹記你的品牌、商品或服務，唯一

方法是付錢打廣告，你公司的處境一定十分危險。付費廣告的影響力，不論它是看板廣告、新聞發布、電視廣告等，之所以會有問題可分兩方面講。第一是一旦你開始使用付費廣告，就停不下來，否則難免讓人產生一個印象：莫非你的品牌已經褪色？調查研究機構「廣學（Ad-ology）」在 2009 年景氣衰退期間做了調查研究，發現美國有 48％成年人認為廣告量減少是一家公司營業衰退的跡象。

我們本身的研究也找出全新的現象。**在 32 歲以上的青年受訪人當中，品牌主要透過社群媒體或經由社群媒體重大協助而促銷成功，「YouTube」影片的傳染效應就是一例，這種手法的整體價值被認為高出 24％。**

我們不是說付費廣告已經式微。重點是，如果你想向 Z 世代招手，你必須以他們的方式與他們接觸，創造符合其信念的價值，讓社群決定何者重要、何者為真，而不是由廣告公司代為決定。我們在本章稍後談到解放兒童（Free the Children）組織如何著重真正的對話和有意義的媒體時，會再來談它。

迎合顧客的心意及它釋出的影響力有一個最佳案例，就是多芬（Dove）的選美比賽。選美比賽始於 2004 年，開啟選美時尚革命，它強調媒體操縱我們（尤其是女性）去盼不可得又不健康的美麗形象。不過，我們要特別講清楚，這場活動是由奧美廣告公司（Ogilvy & Mather's）非常昂貴的創意團隊帶頭，因此它屬於付費廣告性質。然而，它的某些最精彩的廣告只透過社群媒體分散出去，其預算小到只是巨型品牌廣告的零頭。

宣傳攻勢最強大有力的一項是一段名為「美麗的演化」在「YouTube」上的影片。它顯示一位年輕女子透過層層化妝、燈光效果和修圖軟體（Photoshop），變成看板女模。「YouTube」影片在末尾淡出，出現白底黑字的文案：「難怪我們的審美觀整個扭曲了。」這段影片在「YouTube」和各種形式的廣播及印刷媒體上大為轟動，在所有的頻道上吸引 3 億人觀賞。可是這段影片的預算只有 13 萬 5 千美元。我們不妨作個比較，13 萬 5 千美元可以在超級盃足球大賽買下 4 秒鐘廣告，這還不計製作費用。聯合利華公司（Unilever）是多芬品牌的主人，它自己估計這段影片的效益等於 1 億 5 千萬美元的付費廣告。不過，它最有力的部分是和受眾串聯起來，讓他們知道公司關心顧客的價值和挑戰。

　　另一個問題，對 Z 世代也是個關鍵議題，那就是付費廣告會被「打斷」。譬如，每 60 支跳出來的廣告影片會打斷你的節目 18 ～ 20 分鐘，讓你看不下去內容，而「鑽空隙」廣告對於想向 Z 世代訴求的公司而言，是個大忌，形同死神之吻；也就是說，你希望一路超級互聯下去，卻出現廣告插頁，要你視線先看到它才能繼續讀本文。

　　但是這裡可能冒出奇兵。如果你打出來的廣告符合觀賞者的說服力分析；換句話說，打動他們的心坎、引起共鳴，即你會突然間從做廣告變成具有影響力；這就是「從社群網絡贏得粉絲群」的極致。但是在我們進入到「從社群網絡贏得粉絲群」之前，中間還有一步必須提及，那就是「自有平臺」。

自有平臺

　　有了自有平臺，你就不再反覆重覆相同的廣告和訊息。反之，你在創造基本上是由群組擁有但又是公司品牌的經驗、網頁、社群媒體運動、手機應用軟體或零售商店。譬如，蘋果的實體零售店具備品牌控制的條件，可是讓顧客專注使用其空間，配備的現場員工與空間比例又很高，它是自有平臺的絕佳實例。

　　然而，擁有不動產未必代表你創造了經驗。當蘋果 2001 年在維吉尼亞州泰森斯角購物中心（Tyson's Corner）開設第一家實體店時，遭到媒體砲轟，認為它浪費蘋果公司的資源。但是史帝夫‧賈伯斯了解，創造顧客身臨其境經驗的價值，可以增強蘋果所有人朝聖膜拜般的群體意識。今天，蘋果在全世界有四百多家實體店，其中 250 家設在美國，而且每年展店增加一成左右。拿索尼相比，它在 2004 年開設第一家零售店，現在已經宣布在美國尚餘 31 家店，其中 20 家又即將關閉。

　　自有平臺的相同原則也存在於網路世界，企業界在其中建立品牌經驗。譬如，多力多滋玉米片（Doritos）在臉書上建立專頁，也有個網站促銷它的「大膽任務」，要替超級盃美式足球大賽的廣告影片徵求點子。公司派出許多參與的顧客出「任務」去展示他們專心致志於這個品牌。Tiffany & Co. 也有個「愛情何以為真」網頁，用以讓顧客分享他們訂婚、結婚的故事和 Tiffany & Co. 其他顧客的軼事趣聞。

　　然而，自有平臺和圍繞著它們建立起來的經驗，往往很昂

貴才能開啟和維持。它們典型要靠運用付費廣告高成本、高努力的活動來補充，和前面提到的多芬選美比賽活動類似。此外，自有平臺的努力經常鎖定特定人口群，包括某一年齡層作為目標，使得它要擴大到其他世代時，成本費用更高。例外於此一規律的例子不多，但卻是值得了解的重要案例。

譬如，蘋果和宜室家居（IKEA）是跨年齡界限的最佳例證。跨進蘋果實體店，你很可能發現小到 4 歲、大到 80 歲的人都同樣神往。這就是 Z 世代效應的極致表現，透過科技的簡單化把不同世代的人吸引到一起。

你或許聽過有人開玩笑說，從這種共同的群體經驗所得到的感覺就像迷上某種宗教一樣。聽起來很有意思，然而身為蘋果使用者恐怕比擁有科技更有意思；蘋果使用者有一種歸屬感，自認為是有共同興趣的一伙人。這就是為什麼最後這一類「從社群網絡贏得粉絲群」對 Z 世代十分重要的原因。

從社群網絡贏得粉絲群

對 Z 世代而言，影響力上升的極致是「從社群網絡贏得粉絲群」；也就是，在網路上來說，等於是人們街談巷議都會提到你。如果你能（我們相信你肯定能）掌握到從社群網絡贏得粉絲群的力量，那麼要依賴付費廣告及自有平臺去收買受眾注意力的方式就會激烈改變。**當你不再被迫購買注意力時，你曉得你已經「在江湖上有名氣」了。**從市場獲得這種尊敬創造一種需求，使你更有影響力，根據你從顧客和粉絲所贏來的信賴，

透過它你能夠成長和擴展。

　　從前的世代沒有能力組成社群，以 Z 世代的方式去影響社會行為。全球零售業行銷協會（Global Retail Marketing Association）會長兼執行長史黛芬妮・費雪（Stephanie Fischer）跟我們說話的時候，講得很有道理：「意義就是新財富。這些小朋友很注重你組織的 DNA，你的確必須能做到讓他們覺得有意義的事情才行。他們比起任何世代都更會相互影響，因為他們一向都聯結在一起。如果你是個生意人，而你和這個世代有非常有意義的關係，他們將是你最佳的品牌擁護者。他們會是你最佳的行銷員。」

　　我們要補充一句，反過來說，如果你跟他們搞不好，他們會是你最大的惡夢。過去的世代有辦法展現反對或杯葛某項產品或某家公司，甚至是政府，但前提是必須要有效地得到媒體認同他們的主張。Z 世代用不著贏得媒體守門人的贊同；他們透過以超級互聯社群發揮的影響力，就有能力對企業甚至政府造成嚴重傷害。

　　我們在這個超級互聯社群領域看到一個十分成功的案例，就是非營利組織「解放兒童」。這個全球性組織的宗旨是創造一個世界，讓所有的年輕人自由地獲致最大潛力作為改革的推動者。「解放兒童」組織以短短 20 年時間就在全球造成影響，在 45 個國家召募到 230 萬個 12 歲至 18 歲的青少年成員。這個組織建造 650 所學校和教室，送出價值 1,600 萬美元以上的醫療供應品，提供一百多萬人乾淨水源、衛生醫護和公共衛生設施，

根本沒花一毛錢在付費行銷上。

這個組織背後的故事正是 Z 世代的典型代表，和它的成績一樣令人振奮的是，我們猜想你從來沒聽過這個組織。魁格‧柯柏格（Craig Kielburger）1995 年成立「解放兒童」組織時年僅 12 歲。魁格告訴我們，有一天上午他翻開《多倫多星報》（*Toronto Star*）要找漫畫看，卻偶然看到一則新聞報導。故事主人翁是和他同年齡、出生在南亞的勇敢少年伊克巴‧馬西（Iqbal Masih）。伊克巴 4 歲時就被賣為童奴，一連六年被綁在織造地毯的織機旁工作。當他獲得自由時，挺身倡導兒童權利，一舉獲得世界注意。伊克巴的行動也被欺壓童奴的人盯上，他們希望讓他閉口。伊克巴在 12 歲時因捍衛兒童權利喪生！

魁格深受伊克巴故事感動，糾集他弟弟馬克（Marc）在內的一小群七年級同學，「解放兒童」組織遂告誕生。我們和馬克‧柯柏格談到透過這個 Z 世代全世界最有影響力的非營利組織，他看到 Z 世代有什麼最劇烈的變化。

兒童比起以往更加有共同意識，但是他們的社群不再限於地方；它們變成全球性，他們有全球視野、全球宏觀。

我們在和年輕人互動和交往中發現一件有趣的事，就是年輕人心目中，社群可能是他們認同意識中唯一最重要的一環。

比起從前的世代，這是更加重要的大事；對他們來講，社群是一種歸屬、目的、意義和被接受的感覺；當然，他們的社群相當大一部分是在網路上。年輕人將會最支持他們已決定歸

屬的社群。它是他們的決定，迥然不同於強加在他們身上的東西。

　　當你不再去想 Z 世代生來所具有的連結程度，就可以完全明白社群將是他們生活的中心部分。這並不是說那種社群不重要。在 Z 世代，其差異在於社群是有意識的選擇，出自內心，不是從外頭強加在他們身上，並且他們受到更大的全球範疇的社群所吸引。對於出生在 Z 世代的人而言，相當透明和連結的文化是自然的情境，使得有意識的選擇這個議題頗有商榷餘地，至少在他們幼時是如此。

　　馬克・柯柏格也呼應出我們已經敘述的 Z 世代年輕成員的影響力向上滲透的這個主題：

　　第一是今天的小孩覺得他們比其他任何世代更有本事。他們曉得不需等到 18 歲有投票權，才能發生影響力。他們曉得他們今天就可以發生影響力。

　　第二是現在不再單純是你試圖向小孩子們推銷，而是要如何和他們開始對話，讓你成為他們社群的一員，因此年輕人可以真正和你對話談論品牌或那個品牌的價值。

　　第三是他們對父母產生影響力。這件事很有關係，原因在於他們更精嫻科技，更有知識，也更勇於發言，他們更有能力。

　　他對於 Z 世代小孩比起以前世代對父母更有影響力這一

點，感到相當興奮。他認為企業界非常需要了解這一點，不論它們是想影響哪個年齡層的人。

這些小孩和父母親平起平坐，因為他們接觸到資訊、接觸到科技、也比父母更懂得科技。我覺得這些父母實際上一再聽從孩子的話，因為父母了解的程度可能沒有子女來得高。

因此，如果我是汽車公司評估廣告對消費者有什麼影響時，我會朝青少年行銷，讓他們催促父母買油電混合動力車。我不會向他們父母行銷。青少年女兒一開口說：「爹地、媽咪，你們難道不關心我將要承繼的世界嗎？」其影響力將大過我能做的一切動作。

我們請柯柏格幫忙從和他合作的孩童眼光看待忠誠度這個議題，他便談到和 Z 世代開發信賴關係最重要的一個環節。

傳統的忠誠度這整個觀念已經死了，我們需要做的是明明白白注重「我們要如何在這個世代的目標之內建立共同了解？」

原因是，如果品牌不能真正符合目標、議題、活動，或他們關心的事物，或他們社群的價值，年輕人會迎向他們認同的品牌；我沒辦法再強調「真正」這個字詞的重要性。

我們一直告訴我們的年輕朋友（即解放兒童組織的義工和成員）：「你每天都在用你的錢包投票，不是只用選票才投票」，而他們都聽懂了。但是我不認為很多品牌理解這一點。

我們現在有世界最大的臉書追蹤群眾。原因就是我們認識到年輕人彼此真正對話所具備的力量。

以這種間接方式衡量影響力，在其他領域也起作用。譬如，在公益創投（Venture Philanthropy），我們和許多大型基金、尤其是醫療照護性質的基金合作，它們同樣以最終治癒數字來衡量其投資效益。如果你試圖治療某種特定癌症，或阿茲海默症，或多發性硬化症，那就非常難為你的投資在中間點找到產生效應的證明。你只有某種治療法有效或無效，一翻兩瞪眼。對於沒有產生長期有形結果的研究，沒有所謂投資報酬率這一回事。

可是，能夠衡量中期效果的能力，是營利事業判定其行銷影響力是否有效很重要的一環。這種衡量能力和因利用而產生的「影響力網際網路」，是過去 25 年因為網路及應用媒體興起才出現的東西，儘管網際網路本身的存在已經超過 40 年以上。影響力的衡量已經成為從財富朝影響力轉變的主要推手之一，它提供機制準確地標明影響力落在光譜的那一點上。

衡量影響力

之所以會往贏得影響力演變，其核心是因為我們現在有辦法可以追蹤影響力分布在人群的狀況。一家公司的商業模式建立在衡量其商業影響力上面，或許最好的實例就是谷歌，從量化而言它堪稱全世界最廣為人知的品牌之一，僅次於蘋果，還

超前可口可樂。[5]

　　儘管谷歌早期的首頁簡陋得不得了，而這個設計一直維持到今天，它一點都不像你所搜尋的數以百萬個網站那麼繁複，可是搜尋的結果卻遠勝過當時的競爭對手，包括雅虎、萊可斯（Lycos）、激發（Excite）、俯瞰（AltaVista）及其他許多搜尋網站（其中許多早已壽終正寢）。谷歌的「網頁排名（Page Rank）」是一種非常簡單且直截了當的技術，它是我們衡量影響力方式革命的關鍵。網頁排名衡量每個網址或網頁的影響力，把「最好的」結果置於搜尋結果頁的上端。這是網際網路出現之前所無法想像的獨特作法。

　　影響者寫出其想法和意見，或是其貨品和服務的內容，谷歌把它和搜尋它們的人連結起來，這種點的連結（即網址和頁面的超級互聯）無意間把財富金字塔翻轉，揭露原先看不到的影響範圍。這一翻轉使得原本有天賦或是學到創作技巧的人有了能力，讓內容能夠進入人們頭腦，觸動他們最深層的渴望和欲求，跳到他們最富有的競爭者前面，而這些競爭者早已習慣以高成本進行低回收的傳統付費廣告。

　　事實上，谷歌創業初期，公司甚至不准付費廣告進入它的網址，等於認為有錢不再像過去那麼強大，不讓它敗壞谷歌整理組織世界資訊的核心使命。很顯然谷歌後來改變它對付費廣告的立場，現在公司年度營收近 400 億美元，付費廣告已占97％。

　　然而，即使谷歌的付費廣告模範樣板「谷歌廣告關鍵字

（AdWords）」，也明確地承認廣告的影響力。「最佳」廣告（指的是點擊率最高的廣告）收費比那些點擊率較差的廣告竟然更便宜。在相互競爭的「谷歌廣告關鍵字」上名列第一者，以平均點擊率計算，竟然比排名較低的廣告價錢來得低，這可能讓某些人大為意外。原因在於你的廣告愈有效，也就是點擊率愈高，那麼你和讀者的關係更近。谷歌認知到這一點，把你的排行提升，使你樂於付出廣告費。和早先「overture.com」及雅虎的收費廣告模式，以及其他大多數競標模式不一樣，它們純粹依據誰願意多付錢使廣告置頂來排列廣告上下順序。而谷歌廣告關鍵字則明白鼓勵能影響別人採取行動的廣告，是對廣告主和搜尋者都有利。

谷歌是很好的例子，證明從「付費廣告」到「從社群網絡贏得粉絲群」這個光譜上並不是零和遊戲，雖然兩個極端處於競爭狀態。在傳統媒體中，廣告和報導並排刊登，也互相強化；谷歌的各個搜尋結果也是如此。兩者的差別且是重大差別，在於任何人都可以盡興寫、錄、說或表演，而讓谷歌檢索，依據其內容價值而非預算規模，爭取被發現的權利。[6]

谷歌在這方面成功很大一部分是因為你做為一個行銷者，可以很容易衡量付費廣告的影響力，只要追蹤顧客從你登在谷歌上的網路廣告，一路走到產品售出的路徑就行。這也是為什麼亞馬遜每年要花 5,500 多萬美元預算在谷歌廣告關鍵字上的緣故。[7] 這也是為什麼州農保險公司（State Farm Insurance）安排了每次你搜尋「自雇型健康保險」這個詞，就會冒出該公司的

廣告，然後你一點擊，它願意給你折價 43 美元的原因。另外補充一點，這 43 美元折價不是谷歌訂的，而是由一個競價機制訂的，它讓廣告主互相比賽，並且依客戶點選需求而決定價碼。**因為不是由媒體主人決定廣告的價值，而是由廣告主決定其價值，所以這個競價機制使付費廣告轉了運作方向。**

雖然電視、廣播、雜誌和報紙等傳統媒體仍將聲稱其閱聽率反映市場需求及籠罩力，其實比起網路廣告及銷售之間的直接連串，它們已經相當原始。這一切對寶鹼等大公司產生極大壓力，逼得它們必須更精確追蹤它們傳統投資的廣告費用其價值和報酬率。

我們要說清楚，這並不是說企業界過去沒有運用複雜的行銷混合模式追蹤廣告效益，注意他們許多行銷活動的細節，分析它們如何影響產品銷售。過去這些實證的衡量方法，不論它們涉及的科學有多麼精細，其與我們今天走向的行為影響模式，兩者之間的差異就好比去打保齡球時，耳朵塞上耳塞、關掉燈，事後才從紅外線影片觀看表現，和燈火通明看得見又聽得到你擲球的結果，完全不一樣。

你現在可能已經明白，在本章一開頭所謂的權力轉移，不只是從付費廣告變成從社群網絡贏得粉絲群，或是從非網路廣告移動到網路廣告，而是由原本覆蓋著影響力的一片黑暗，化為全面燦爛光明，揭露影響力如何運作。

這種透明有個參考例證，就是相當新的新創網站「升值（Upworthy）」，它自命是「有目的的傳染」。升值創業於

2012 年 3 月，展現一家公司能夠多快從毫無訪客發展到本書撰寫時（2013 年 11 月止），每個月有將近 8,800 萬人次訪客。[8]這個網站的宗旨是策畫和推廣邁向社會公益的材料。

升值的成長絕非偶然。它的三個共同創辦人個個具有豐富實戰經驗：

伊萊‧帕理澤（Eli Pariser）是進步派社會運動網站「繼續（MoveOn）」主力人物；彼得‧科奇利（Peter Koechley）是歷史悠久的諷刺新聞網站「洋蔥（The Onion）」的前任總編輯；克里斯‧休斯（Chris Hughes）是臉書的共同創辦人之一，更著名的是，他是歐巴馬 2008 年初次出馬競選總統時的網路選戰總指揮，這可是有史以來第一次靠社群媒體作為動力打的選戰。換句話說，這幾位先生深知網路群眾的力量，也知道如何影響群眾點擊、觀賞和分享。他們曉得要找尋什麼人、如何找到他們、如何激勵他們、如何讓他們在影片上投票。如果你曉得一般人不太會去投票，就知道這不是一件容易的任務。而他們曉得社群媒體的力量可以利用社會證明和愛屋及烏，可以深刻影響建立升值網站。

升值透過貼上吸引注意的標題，如「你絕對不會相信（填入任何題目）」或「這位女士做了（如何如何的動作），你絕不會相信接下來發生的事」，把它連上策畫的內容來帶動點閱；其實他們並沒有創作其影象或錄影帶，只是連結上或凸顯它。這是相當簡單的概念，不像會有那麼強大有力，可是「升值」的成長和影響卻不容否認。

雖然升值是否能長期成功還有待驗證，它在短短兩年不到的時間裡，能從一個概念一躍成為 40 大造訪人數最多的一個網站，證明其創辦人深刻了解人類行為。因此，升值在本書撰寫時已經成為網路上成長空前最快速的一個網站。

未來繫於回饋

組織需要鼓勵 Z 世代參與，而不是只雇用他們，要提供他們相當不同於用在從前世代的回饋機制。愈是增加改變，愈能使回饋攸關成敗。

對我們絕大多數人而言，可怕的員工表現考評是職場上最討厭且可惡的東西，不論我們如何努力把它美化，它或許仍是勞資關係中最過時的一種制度。鑒於 Z 世代期許不斷學習，我們或許應該重新思考年度考評這件事。我們即將討論的是，改進績效考評過程涉及到許多遊戲化的機制（即第四章提到的「彈射」），以它來細微地衡量員工、經理人和更廣泛的參與者網絡彼此之間的工作關係。

位於矽谷的檔案分享及同步服務公司新普利瑟第（Syncplicity）是易安信公司（EMC）旗下一家公司，其總裁杰圖·帕特爾（Jeetu Patel）在 2013 年經歷超級成長，面對的是率領業界最聰明的人才、在爭取人才最激烈的地區開疆闢土、建立組織的艱鉅任務。他向我們解釋，與 Z 世代一起工作意味必須改變我們看待某些留住人才基本面的方式。其中最重要的就

是經典的年度考評。他舉了一個例子，如果想留住 Z 世代人才，有一件事千萬不能做。丹‧品克（Dan Pink）是啟發他這個想法的眾人之一。

從基本面講，大型公司的營運及它們給員工回饋的方式，傳統上都不是當下立即有回應。**這些年輕人則幾乎是習慣即時持續不斷的回饋。如果他們沒有接到回饋，他們會認為模式裡有某方面根本不對勁了。**

假設我們從 Z 世代雇了東妮，把她擺進一個沒有回饋的空間，即年度考評會談。經理針對發生在九個月前的一個行動提出回饋，建議東妮當時如何處理可能會更好。東妮當下的直覺一定是想：經理啊，你為什麼不在當時立刻說呢？

情況其實和好萊塢很類似。電影首映頭幾天各界的評斷就決定了你的作品是否成功，不是等到一年後才來看它的票房收入。

挺諷刺的是，這種行為往上游延伸到從前世代，造成我們必須調整，以不同模式提供回饋和獎賞給員工。

帕特爾所形容的現象並不限於他在新普利瑟第的經驗，而且他發現也不僅限於出生在 Z 世代的人。今天的情況是，不論員工的年齡歲數大小，良好的及更頻繁的專業回饋很受歡迎；而我們直到最近都還沒有可衡量的有用模式，每天或每週都對知識工作者提供回饋。如果你在工廠或生產環境工作，典型上

你會有量尺提供即時的、有關品質、數量、生產量或其他類似的工作衡量的回饋。身為知識工作者，你天經地義的認為這些量尺不具意義。於是你依賴周期性考評你的表現，而它們通常是依據大量的回顧式分析。即使你是在業務部或直接計費部門工作，通常還是有許多不是硬數字的東西進入你的績效表現回饋，如建立關係、團隊合作、管理別人、態度和專業成長等。我們視為天經地義，以為這些東西除了主觀的年度或半年度績效表現考評之外，無法加以衡量。這不是 Z 世代所想要的工作方式。他們生長在期待立即有回饋的環境，好比遊戲和社交都是如此。如果你在臉書貼文，沒有人給個「讚」，它很爛可就不是主觀與否的問題。

我們找到「Work.com」資深副總裁丹尼爾‧狄鮑（Daniel Debow）並請教他。這家公司原名瑞波（Rypple），成立於 2008 年，他是共同創辦人之一，後來公司在 2011 年賣給「salesforce.com」。「Work.com」提供知識工作者這種持續不斷的即時回饋。

我們開辦瑞波時，專注於人力資源部門每天例行管理及指導團隊時需要做些什麼，以及我們如何可以使他們更有效率、更容易在相當短時間內去做，而不需要一年一度進行績效表現考評。

我們的想法是：我們相信人，而人們希望有回饋。他們希望被教導、希望發展、希望學習。傳統的年度績效表現考評經常遭到員工畏懼，又被經理人厭惡，使得它們功效比以前大降。

我們的確必須找到更好的方法才行。

我打個比方，這好像是看牙醫。如果你一年去看一次牙醫，平常不用牙線或牙刷刷牙清理，這可不是好玩的事。你一定會害怕。這就是績效表現考評。但是如果你經常刷牙，你已經定期保養，等到檢查時，一切就沒問題；這是同樣的道理。

「Work.com」採用許多遊戲化的機制，譬如，設定通向目標的進展指標、配掛徽章顯示已經到達某種水準的經歷、專業或技能等。系統也採用類似你在臉書或領英（LinkedIn）上看到的社群評論和回饋，但是這時是由同仁和經理人對優異表現提供公開回饋，或是鼓勵人們朝公布的目標前進。

好幾家科技業新創公司成為瑞波最早期的客戶可能並不意外，但是它已經成長得不錯，跨出科技業者了。狄鮑說：

臉書成為大客戶，也是開發產品的初期夥伴；摩茲拉（Mozilla）和領英也是。他們問：「我們要如何管理明天的工作團隊？因為他們今天已經在這兒。他們現在就在我們辦公室裡。」

我們把矽谷看成是煤礦中的文化測度器，因為在這兒發生的事，五年後就傳遍社會。現在有數以千計的公司採用我們的方法，並不只限於矽谷的公司。

更重要的是，許多傳統的主流公司，如家得寶（Home Depot）和 1-800 花店（1-800-Flowers）也發展到這似乎將是他

們管理及激勵員工的下一步。

「Work.com」涉及的模式乃是行為管理，而非科技。如果你有心增進 Z 世代的表現，狄鮑建議要重新界定經理人的角色。固然中階經理人尤其經常被視為傳統、階層分明的企業問題的一部分，這些經理人可以是領導及確保企業所要的變革能夠常態做到的人物。狄鮑解釋說：

公司要快速採行新行為，你必須說：「我們需要我們的經理人參與投入這些行為。我們需要這些行為一再、持續、彈性伸縮地透過組織出現。我們需要人們有效率地參與。我們需要人們持續有個人能跟他們對話、跟他們談論他們的人生、事業和工作。我們需要人們擁有和組織所要相符的目標。」

這些是人們參與的行為，它們是單純的行為。我所謂單純的行為，指的是很簡單的事，譬如「我們希望人們在別人表現不錯時要表示感謝」，這就是認可，也很科學地證明能強化公司所追求的行為。「我們希望營業經理指導別人，而不是壓迫他們」，這也經由行為資料分析證明能產生更棒的銷售組織。

另外要補充一點，狄鮑也證實，渴望被指導並不只限於年輕人。**Z 世代效應的核心假設就是，你可能是出生在 Z 世代，但你也可以透過你的態度和行為，而選擇成為 Z 世代，因為到頭來這將是人類行為的新面貌。**

狄鮑說：毫無疑問，起先，年輕人了解我們；一般而言，年齡稍長的人相當懷疑。現在，經過了 6 年，懷疑的程度降低很多，這符合人們採納創新的性質。我們幾乎從採用我們方法的每個產業蒐集到數百個務實的證明，見到由於對營業團隊有更好和更頻繁的指導而使銷售數字上升的好結果。

　　看到公司處理員工及經理回饋的傳統方法出現脫鉤現象的，其實不只是「Work.com」。我們也訪問了調查分析學公司（Survey Analytics）總裁威維克・巴斯卡蘭（Vivek Bhaskaran）。他在 2014 年初開發一套新方法專注員工的回饋，命名為「FlashLet」。調查分析學公司是一家雲端服務公司，有長久的經驗提供各種目的的網路調查能力，但是「FlashLet」是第一個客製的運用，旨在處理如何從員工獲取有用的回饋這個問題。

　　巴斯卡蘭對於回饋的哲學，和狄鮑一樣：回饋必須是個持久不斷的過程。他對員工滿意評分也採取一個新方法，創造以常態基礎為組織把脈的系統：

　　但是回饋會出現困難。我們力求增加回饋的頻率，可是頻率卻常常和深度呈反比。你沒辦法要求某人每星期花 20 分鐘提供回饋。他們一定會找理由躲避。於是你要求他們每一季，甚至或者每 6 個月，花 20 分鐘提供回饋，可是你得到的資料卻又太舊。

我們請教巴斯卡蘭對非常流行的「360 度評鑑法」有什麼意見，這個方法即由同儕針對每位成員填寫詳盡的回饋調查，以便提供每位員工在別人觀感裡是什麼樣一個人的完整報告。這是許多組織數十年來的標準作法。他告訴我們：「現在的人不再想要 360 度評鑑法。我們接觸過的每個人都告訴我們，在如此快速進展的組織裡，它們幾近於毫無用處；人員異動太快；他們面對的問題動態幾乎每星期都在變化。」

那麼，巴斯卡蘭提出什麼樣的解決辦法呢？

我相信你可以要求某個人每星期花一分鐘時間勾選某個連結。就好像他們在臉書上按「讚」一樣。這是一件相當無害的事，但是你一定會很驚訝，長期下來可以從裡面取得相當多的資料。你沒有得到太多深刻的資料，但是你得到廣泛的資料，它們可以非常有用，而且接近於即時調查。

因此，我建議你每星期「把脈」調查一次。它幾乎就像覺得身體不舒服，去看醫生一樣。不論你的狀況如何，他們總會做些動作。一個是幫你量體溫。除了暗示你的免疫系統有些狀況，或是你身體自律能力的狀況之外，體溫本身沒辦法告訴你太多事情。它是個癥狀、一個指標。這也就是每週「把脈」調查的目的，也就是說它們點出問題。它必須很容易、很快，任何人都應該可以做。

員工參與必須是最高優先，尤其是 Z 世代。如果你的員工不參與或無心參與，那麼他們有多麼聰明，統統無關宏旨。

如果你認為員工參與將是公司成敗利鈍所繫，那麼你需要做的第一件事就是設法創造測量員工參與及滿意度的底線。

　　詢問Z世代去年怎麼了，你可能就是要他們看著後照鏡開車。他們要即刻有回饋，而我認為他們需要它，是因為在一個必須於即時回應威脅及機會才能成功的世界，就必須如此。

　　在谷歌，回饋過程走的是一條很具體的路，公司稱之為向上回饋調查（upward feedback survey），由員工填表評估他們的經理。調查結果由經理的上司過目，作為公司已經相當扁平化的組織結構中，上下溝通、蒐集回饋、據以行動的依據。最先推出的辦法定名為氧氣計畫（Project Oxygen），預備就「經理很重要嗎？」這個問題找出答案。

　　調查表問起 12～18 個不同面向的問題（參見表 5-1），包括經理人是否尊重對待員工、給予部屬清楚的目標、與他們分享資訊等。

　　這種回饋展現出經理人是否參與積極管理其團隊的過程。藉由提供對經理人的回饋，部屬有機會影響組織。

　　全公司都會追蹤這些評量，長期下來的趨勢可對谷歌人事管理的品質有更宏觀的認識，包括對經理人本身的表現績效樣態。這種方法衡量的是團隊和公司整體，而不是只專注個人層次員工的觀點；許多組織評量績效表現時都只知著重個人層次。明白訂出對經理人的評量，也使員工對經理人的滿意度成為谷歌管理其組織內人員策略的根本元素。原始資料本身固然不會

表 5-1　針對優良經理人的氧氣計畫 [9]

優良經理人

1. 是個優秀的教練

2. 能啟發團隊能力，不會吹毛求疵管理

3. 對團隊成員的成功和個人福祉表示關切

4. 注重生產力和做事有結果

5. 是個優秀的溝通者，即能聆聽及分享資訊

6. 協助發展前程

7. 能給團隊訂下清晰的願景和戰略

8. 具有關鍵的技術能力，有助於他人教導團隊

造就出偉大的經理人，但是（從蒐集到的）資料和提供以改進為目標的回饋（而非以懲戒為重點的回饋）之文化環境，顯示出不顧底下團隊感受的經理人再也不吃香。

　　這種評量經理人及團隊的趨勢，是金字塔倒栽蔥反過來的又一個例證。傳統的人力資源部通常是組織體制的維繫者，負責確實使員工服從上級指示做事。Ｚ世代翻轉這個模式，因此經理人要對本身的團隊負責，在回饋有理下，被要求糾正其本身行為。

　　在傳統的階層制度下，人們往往本身並無興趣、無天生才具或訓練，就被推上管理層職位，也就是典型的彼得原理（Peter Principle），結果造成人人都被晉升到自己能力不足的位置。這

就是富足金字塔的另一個危險，在這種情境下，你事業進程唯一進展的路就是攀升進入到你可能不想到達的領域，或是被迫擔起你並不適合的角色。

反之，如果你在現職上不知學習或調適，依據光輝國際（Korn／Ferry International）執行長蓋瑞·貝尼森（Gary Burnison）的說法，你可能又成為Z世代版本彼得原理的受害人：

彼得原理認為員工將繼續晉升，一直升到能力不足的水準。這狀況已有演變。今天的員工不需要被晉升到能力不足之境。他們如果不知成長、調整和演進，他們在現職就可以變成能力不足。**如果你停止成長和學習，你的工作就會超越你。如果你成長和學習快過你的工作，雇主肯定會要你。**[10]

大群眾即大數據

我們從財富走到影響力旅程的最後一步，與我們社會一切互動所造成的資訊泛濫有關。這就是所謂的「大數據」，它將以我們才剛開始了解的方式點破Z世代的行為。

大數據是對已經在引擎蓋底下的行為和影響力的了解。對於極大多數的我們而言，大數據看不到、摸不著。但是我們身為消費者所看到的廣告和促銷卻是大數據的結果；譬如，針對我們購買偏好和興趣訴求的廣告，即依據我們在其他網頁的行為出現在現在我們造訪的網頁上。凸顯這些鎖定目標訊息的科

學，就是影響力最重要的層面之一，因為它是我們到目前為止所討論的一切事情之根基，它運用到衡量影響力，可以用來開發對我們行為的深度了解。

羅威公司的故事：行為的生命周期

名列《財星》一百大公司的羅威（Lowe's）公司是一家家飾及電器公司，成立於 1946 年，全美一千八百多家商場、員工 26 萬人，服務客戶約 1,500 萬人。凱文‧戴維斯（Kevin Davis）是前任創新事業情報總監。戴維斯形容分析數據以了解客戶行為此一演變：

當你只看到購買資料本身和你看到動作時，其實你只看到後續效應。譬如，只因為感恩節到了，你看到人們在感恩節買東西，或者因為廣發傳單，你看到採購增加了。

但是當你開始細看行為資料，尤其是當你注意非關購買的資料，譬如顧客是在實體店購買或網路訂貨，或是他們的年齡層，或是採購周期，這時你就看到完全不同的景象。

要了解近年來我們掌握的行為資料，是個非常艱鉅的挑戰，有些公司把他們對消費者行為的分析大半集中在試圖將資料整理成連貫的結構，以便分析。戴維斯說：

我記得 2006 年在羅威公司任職時,消費者研究部門只有 5 個人:一位統計學家、一位主任,外加 3 位分析員。他們 80% 的工作是蒐集資料、整理資料,讓資料能夠呈現某種有用的意義。我認為,大數據是技術大進步,將蒐集與整理工作自動化,使我們能深入挖掘,多作點分析,而非只是整理資料。

它是怎麼運作的呢?這麼說吧,現在你派人檢視分析報告,可以開始解釋不同的購買模式。我們在羅威公司的確對消費者購買行為進行網路人類學分析。

我們研究行為、討論、部落格、推特、臉書上貼文,吉米．強生(Jimmy Johnson,羅威公司贊助的一位「全國運動汽車競賽協會」駕駛員)粉絲俱樂部;任何時候只要有人提到「羅威」或「羅威採購」,我們就從裡頭找出顧客這麼做的動機。我們稱之為「網路人類學」。我們蒐集所有這些資訊後,坐在小房間裡,問起:「這個行為資料告訴我們什麼訊息?」我們發現在這些資料中,有一條路使羅威公司顧客走上採購,它可以區分為 7 個不同的階段。

這件事為什麼對我們很重要呢?因為我們可以判定在第二階段和第三階段間,33% 的人典型地因為沒有預算,退出了購買過程。好,或許我們可以送給他們某些激勵,幫助他們對付此一挑戰。

鎖定行為目標幫助羅威公司驅動更多人採購,實際上也帶動消費者全面愉快的經驗。

如同羅威公司所發現，大數據使我們可以從個人層次了解眾多群眾，讓我們對人們為何、如何購買有更多認識。

失去匿名反而增進了解

從財富轉向影響力會把我們帶到哪裡去？毫無疑問，它已把我們帶到一個非常透明的社會，我們的行為已被持續開採和分析。對於習慣某種程度匿名性的大多數人而言，這是挺可怕的情景。我們很難看到失去匿名性後會有什麼其他恐懼，可是伴隨著有力量施以更大影響，通常還有一個深沉卻常被忽略的價值，那就是有更大能力挑戰現狀，並替所有形式的組織，從民間企業、非營利組織到政府，建立全球優先順序和議程。

我們看到有一個最令人意外但也更加正面的發展，那就是對我們既有教育模式和體制的挑戰。誰來教？誰在學習？何時？何地？如何？我們通常曉得這些問題的答案，但它們不再像以前那樣清晰明瞭。

Ｚ世代正在重新思考學習的體制，甚至過程。目前正在從事改造我們學習方法的許多人當中，有很多人是我們想像不到的人。有些人更是意外參加進來。

在下一章，我們將談到「處處學習」，也就是在世界各地學習，將如何影響行為，不僅是上學校學習，還包括行銷、業務、雇用及維繫人才等方面。

行動篇

向 Z 世代領導人學習

- 凱文・戴維斯，羅威公司前任創新事業情報總監

- 羅伯特・席爾迪尼博士，亞利桑那州立大學心理學及行銷學榮譽教授

- 阿江・哈林，科學滾石明星公司行銷副總裁

- 喬治・蕭，下一代零售公司研發副總裁

- 賴福烈（A.G. Lafley），寶鹼公司董事長、執行長兼總裁

- 多芬「選美活動」

- 蘋果電腦實體店

- 宜室家居

- 多力多滋玉米片「大膽任務」活動

- Tiffany & Co. 的「愛情何以為真」活動

- 魁格・柯柏格和馬克・柯柏格，以及「解放兒童」組織

- 谷歌的網頁排名和谷歌廣告關鍵字

- 升值公司及其共同創辦人伊萊・帕理澤、彼得・科奇利和克里斯・休斯

- 杰圖・帕特爾，新普利瑟第公司總裁

- 丹尼爾・狄鮑，「Work.com」資深副總裁

- 威維克・巴斯卡蘭，調查分析學公司總裁

- 谷歌及其向上回饋調查

你準備好接受 Z 世代了嗎？

- 你的公司是否運用影響力金字塔的概念？你在未來 5～10 年內會怎麼做來增加你對影響力的注意？你認為它會怎樣改變你的行銷業務作法？

- 你的工作目前依賴財富金字塔，還是影響力金字塔？如果你改為多利用影響力金字塔，你預料你的工作在 5～10 年後會有什麼變化？

- 你的企業有兼用 POEM（付費廣告、自有平臺及從社群網絡贏得粉絲群）嗎？

- 做廣告時，你是以直接買家為目標，還是以在其影響鏈內的人士為目標？

- 你會評量你企業的「顧客推薦度」分數嗎？如果是，你是怎麼運用此一資訊？

- 你在工作、公司或生活中有利用六項說服原則嗎？

- 在聘僱類似解放兒童這種組織的 Z 世代成員上，你會怎麼做？

- 你的公司如何處理員工回饋？你是每年、每季、更頻繁，或是根本不徵求員工回饋？

- 員工回饋的頻率和風格在近年有改變嗎？或是你預期會有什麼改變呢？為什麼？

- 在員工回饋上，你的公司注重員工參與、營業結果，或是兩者皆注重？

- 員工評鑑經理人嗎？評鑑產生什麼樣的結果？

- 你的公司是否以行為、人口數據，或兩者兼具為基礎，來規畫行銷和業務作法？

- 你的公司有透過大數據辨識購買模式，或是購買生命周期的階段嗎？

你要從「GenZEffect.com」接受全面評估，找出你是否已經準備好接受 Z 世代效應。

6

以世界為課堂

明天的文盲不是不識字的人，而是不會學習的人。

——艾文・托佛勒（Alvin Toffler）對赫伯特・葛昭義（Hebert Gerjuoy）的訪問
摘自《未來的衝擊》（*Future Shock*），1970 年

本章將探究教育性質的變化和教育普及的進步，這是 Z 世代效應最根本的力量。我們先討論大規模網路開放課程的演進，它是把教育和 Z 世代工作、生活和娛樂聯結起來的一種方式。它會引領我們認識遊戲的細緻，Z 世代從這方面對參與和教育兩者都產生行為上的改變。我們也將探討教育出現變化的種種方式，討論谷歌和育碧等組織所採取的方法：前者是同僚對同僚的學習，後者則以搖滾工匠視訊遊戲，展現以全新的方法學習吉他。

如果我們必須選出一個塑造世代模型最重大的力量，教育當之無愧。**教育不僅是獲得認識全世界知識的過程，也透過這個過程，界定我們自己的認同。**

　　不論是在家裡、教室或在工作上，我們所學到的就是用來給世界增加價值的東西。不論從學校學到什麼，學校就是我們與別人建立最親密結合關係的地方，我們在這兒結識死黨和同儕；我們在學校分享界定我們屬於哪個社群，以及直到現在屬於哪個世代的經驗。我們在學校評量自我性向和相對於同班同學的能力。簡單地說，教育是單一最重要的因素，決定我們的分合。如果你認同教育是那麼重要，那麼你就必須認同：因為世界在變化，所以了解教育方式會是如何的劇烈改變，是極其必要的。

　　從教室到企業，教育的改變正從最基本面在改變我們對不同世代彼此互動方式的了解。長期下來，這些新學習方式將創造共同的一套技能和行為，它們將進一步侵蝕世代差異。

　　令人驚訝的是，我們將要討論的改變雖然已經在縮小代溝，但許多人，尤其是最戀眷舊式學習的人，仍然狂熱地反對會威脅到傳統學習方式的一些修正和革新。

　　哈洛德‧班哲明（Harold R. W. Benjamin）用筆名艾伯納‧佩迪維爾（J. Abner Peddiwell）在1939年寫了一本書《軍刀課程》（*The Saber-Tooth Curriculum*）嘲諷傳統是如何阻滯教育的演進。它以虛構的故事描述我們是如何自陷泥淖，而且相信曾受過的教育方法是最好的。這種學術傲慢包圍著我們，創造出似乎理

圖 6-1　《軍刀課程》

艾伯納・佩迪維爾 1939 年對教育狀況的嘲諷，可以套用在今天絕大部分的課堂學習上。

性理由的碉堡，反抗改變。

我們忘記了大規模傳授正式學習的能力是相當晚近的現象，直到 20 世紀中葉才起飛。事實上，美國的文盲率在 19 世紀末期是 20％，以一個相當開發的國家和學校制度而言，算是相當高的比率。然而，更驚人的是，當時的學齡兒童只有半數進入小學念書。[1] 情況要到 1940 年代才稍有改進，美國約超過 50％人民完成 8 年教育，而僅有區區 5％成年人完成 4 年大學教育。如果你知道從當時以後的進步情形，就會明白這些數字多麼可怕。

嬰兒潮世代和他們的父母親不一樣。他們的父母輩過半數沒念完高中，而他們全都受過良好教育，將近 70％念過大學或專科，25％至少有學士或學士以上學位。這都是拜 1944 年的《大兵法案》（G. I. Bill）之賜；這個法案奠定基礎，促成截至當時為止、全世界最大的大學入學浪潮。事實上，1947 年，40％的美國大學新生是退伍軍人！

　　以全球而言，高等教育在 20 世紀的社會議程上愈來愈受到重視，尤其是第二次世界大戰後許多著手戰後全面重建的國家為然。譬如，19、20 世紀之交，日本 18 ～ 25 歲年齡層人口進入大學進修的人不到 1％；到了 20 世紀中葉，已上升到 4％；到了 2000 年則將近 25％。

　　幾乎每個開發中國家在過去一百年都出現相同的趨勢，結果造成今天全球近 90％小學生學齡兒童及逾 60％中學生學齡少年，都進入學校體系上學。[2] 20 世紀最大的投資是縮小全球小學及中學教育的教育落差，21 世紀的重點則是縮小高等教育的教育落差。

　　根據聯合國教科文組織的研究，顯示出全世界教育能力一個非常不得了的趨勢。在未來 30 年內，畢業生人數將超過人類有史以來從每個教育體系畢業的人數。走向普世教育的此一運動是 Z 世代效應演進的基礎，因為它縮小了分隔世代最大的差距，也就是他們的教育水準。

　　教育差距在世代之間創造極大的了解裂縫，就和界定峽谷的時代有多久遠的沉積岩一樣地顯著。

教育差距縮小，甚至終於消失，它也泯除了我們以共同教育水準為根基的溝通和合作能力最深刻的障礙。

不論老少學海無涯不進則退

以全球而言，大專程度的教育將在開發中經濟體繼續為技術工人提供成長機會。從許多方面來講，教育就是 21 世紀的軍備競賽。不問頻寬、地點或文化，或人口障礙，我們推動工作的能力，只會推進此一進展。

對 Z 世代而言，每一種差距，包括地理、文化和代溝，全都迅速縮小。情況愈來愈變成你在哪裡或你是誰、你年齡多大，都不再重要，而價值就是價值。如果你能參與和生產，你就有價值，這是普世接受教育，也就是從幼稚園至高中三年級、一直到大學的各階層皆免費教育，這將對我們創新和對付某些全世界最艱鉅挑戰的能力快速增加，影響最深刻的地方。

這裡有一點要提醒大家：一般傾向於認為 Z 世代是一種地域性的現象，只適用於已建立高等教育體制的已開發國家。如果我們不理會高等教育的發展軌跡，這樣說或許是真的。譬如說，許多人很驚訝地發現：全球大專院校家數最多的國家是印度，它有 8,500 多家公私立大學，和家數次多的國家美國比起來，足足多出 30%以上。

當然我們不是說所有這些大學都有相同品質的教育。根據曾任印度省長和國立大學校長的賈米博士（S. C. Jamir）在卡林

噶工業技術學院（KIIT University）第 88 屆全印度大學副校長會議演講提到：「我們的大學教育品質顯然就是我們高等教育體系落後的一個領域。我們很傷心，印度的大學沒有一家名列世界前兩百名大學之列。擴張，但是品質沒有相對改進，有什麼用。我們必須更加重視品質。」他雖然有此感嘆，趨勢和動能卻已清楚。全世界都注重教育，其規模無比龐大。

那麼，要把每個人教育到他能完全發揮潛力的地步，我們要如何著手此一巨大工作呢？有那麼多的 Z 世代效應，新學習模式始於創造跳脫窠臼的新連結（窠臼指的是傳統上局限在教育的教室）。

我們將要談到的教育，不發生在教室裡，至少不是我們許多人已經習慣的那種教室，而是始於教室之外，透過無數的替代方案，從外而內重新改造教育。

大規模網路開放課程的興起

2011 年秋天，史丹福大學 3 位教授打開潘朵拉盒子，任何人都可以透過網路免費聽他們的課。其中一門課「人工智慧導論」有 16 萬人註冊選修，後來有 2 萬 3 千人堅持到底，修完全部課業。

這門課由在谷歌任職的彼得・諾維格（Peter Norvig）和塞巴斯蒂安・特龍（Sebastian Thrun）兩人講授，現在是全世界聽課人數第一名的網路大學課程。[3] 特龍進而共同創辦優達學城

（Udacity），這是「大規模網路開放課程」的主要提供者。

　　大規模網路開放課程不只是網路學習，它們還改變了傳統的由上而下、老師傳授予學生的權力和知識轉移形式，成為一種非常不同的超級互聯模式，師生之間的界線，乃至學生彼此之間的界線，變得少了權力的階層色彩，更像是共同學習、探索和討論。

　　大規模網路開放課程背後的基本概念其實並不新穎。1920年代，在諾維格和特龍開放史丹福課程之前幾十年，透過美國郵局就出現一種替代上大學及技職學校太昂貴且不方便的另類選擇。這就是所謂的「函授學校」，它們是傳統、正式教育的第一種替代方案。有趣的是，狄克·祖爾（Dick Drew）的第一份工作是在 3M 公司的全職工程師，把 3M 的研磨劑變成粘合劑而出名，他就是透過在火柴盒上打廣告的一家函授學校拿到工學士學位。在很少人念書、攻讀大學文憑的時代，你從哪裡得到學位並不重要，重要的是你有張大學畢業文憑。然而，隨著已開發國家的富裕上升，以及對技術知識工人的需求上升，大學產生更多畢業生的能力也提高。

　　大規模網路開放課程究竟是什麼？首先，相較於傳統教育，它是大型、規模極大。由於活動蓬勃，我們很難確切地說有多少大學開了多少課程，以及有多少人參加。截至 2014 年初，超過一千萬學生選修大規模網路開放課程開授的課，它們由 200 所大學、約 1,300 位講席，開授 1,200 種課。[4] 但是你若計入不是大學或傳統教學機構，譬如我們將在本章稍後介紹的可汗學

院（Khan Academy）所提供的課程，數字還要暴增 2 ～ 5 倍。

到了 2014 年底，我們預計超過一億人次學生使用大規模網路開放課程上課和試聽。[5] 雖然許多大規模網路開放課程限制一班只收 20 ～ 30 名學生；譬如，人人大學（University of People）就是一個免費開大規模網路開放課程且頒授學位的網路大學；其實一個班多少人上課可以是無限大。

大規模網路開放課程能夠迅速發展的原因之一是，它們通常使用自動評鑑法測試學生的了解程度。我們稍後會再討論它。

「開放」指的是課程沒有關在常春藤牆後的大學或其他機構的教室裡上課，而且至少理論上它們開放、准許人人上課。另外，開放未必代表免費，尤其是如果你修課是要追求學分的話。

許多具有傳統紅磚大樓教室的授與學位的機構已經投下大筆資金在大規模網路開放課程上。哈佛大學和麻省理工學院共同開辦的「EdX」，初期開辦預算為 3,000 萬美元，類似優達學城的平臺，為大規模網路開放課程的每門課編列 20 萬美元的預算。因此，雖然每個能用網際網路連結的人都能利用課程內容，若要拿學位仍然需要花費數百美元至上萬美元不等的費用。

絕大部分大規模網路開放課程仍屬於「被擁有」的性質，它們的核心內容由某位講師開發及傳授。因此它們不是「開放原始碼」所謂的「開放」（意即可以自由修訂及再使用），不過許多大學，如麻省理工學院、卡內基美隆大學、楊百翰大學、聖母大學、開放大學、史丹福大學、耶魯大學及其他等，縱使

不是全部，但也都把許多課程免費提供給有志者自行取閱。和人人大學不一樣，提供大規模網路開放課程的大多數學術機構，不會因為你修習它們的網路課程就承認你從它們畢業、取得學位。

對於沒錢念得起這些學府的學生，或是住在地球另一端的人而言，學位可能不是目標。它是好、是壞是個可以討論的問題，也是辯論的主題，特別是過去 20 年高等教育費用大漲之下。

比爾·蓋茲、理查·布蘭森（Richard Branson）、賴瑞·艾利森（Larry Ellison）、麥可·戴爾（Michael Dell）、羅曼·阿布拉莫維奇（Roman Abramovich）、泰德·透納（Ted Turner）、拉夫·羅蘭（Ralph Lauren）、史帝夫·賈伯斯和馬克·祖克柏（Mark Zuckerberg），全都是身價數十億美元的大富翁，而且沒一個是大學畢業生，因此很顯然，沒有大學學位並非注定在實質的就業世界會失敗。當然，拿到學位也不保證成功。

大規模網路開放課程的「網路」特性相當明顯，在社會及技術允許之下，受惠於超級互聯及彈射作用，讓人能夠隨時隨地接觸到學習，也有能力規模廣大、超越傳統教育模式所受的實體場地之局限。

「課程」其實不用說明。如果所謂的「課程」只是 30 ～ 60 分鐘的視訊講授，它稱不上真正的大規模網路開放課程，這在 YouTube 上這種東西比比皆是。大規模網路開放課程是長期傳授的一系列課程。想像大規模網路開放課程中的課程，就是把它當成是一系列課業，完成特定、可以驗證的學習目標。「系

列」和「可以驗證」就是關鍵。大規模網路開放課程需要有某種機制，能夠評量和測試學生在學習過程的進步，以便確認他們的確學到某些東西。

挑戰假設

打從 19 世紀中葉起，我們就認定小孩子傳統的上學過程需要 13 年，即由幼稚園一路到高中三年級。我們也假定，拿學士學位需要 4 年時間，拿企管碩士學位需要兩年時間，公司講習需要 4 ～ 5 天。但是這一切的根據是什麼？隔了近兩百年時間，現在才首度有人開始關心有錢人之外的凡夫俗子受教育的機會。**事實是，我們現行學校制度的根據並非一成不變的自然定律。它是人類存在最近的一項發展。**

如果我們目前擁有的科技能讓我們更容易創造價值，如我們在第一章提到的 15 歲少年蘇曼‧穆路穆迪，會是什麼狀況？如果我們的職業生涯像現在這樣持續變化、可以延伸到我們的暮年，有如我們提到的 6、70 歲研究生，又會是什麼狀況？它對我們的教育制度結構會有什麼影響？

我們所討論的劇本很可能出現的一件事是，我們所創造的學習比較適合「適時傳授」，而不是「適況傳授」。「適況傳授」就是我們已經習慣的接受教育的方式，即我們花一段短時間學習，以備終身得以運用該所學知識。反之，「適時傳授」把這個觀念翻轉過來：因終身學習，我們才能持續不斷地運用新知

識。這種終身學習的方式意味在實際現實上，學習必須分解為一小塊去進行，可以分布在一輩子時間逐段進行。這種分解為塊狀的方式使得大規模網路開放課程與其他每種學習型態不同，與課堂學習、電子學習或傳統輔導都不同。（見圖 6-2）

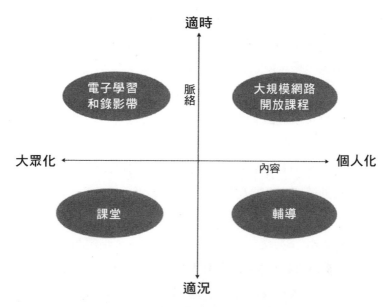

圖 6-2　大規模網路開放課程：個人化和適時學習

　　大規模網路開放課程不只是傳授知識的一種新方法，它們是把教育整合進 Z 世代學習、不學習和再學習終身循環的新方法。

　　在美國，修個企管碩士學位通常要花兩年時間。美國之外

的許多大學，學生只需要一年時間就可以拿到企管碩士學位。為什麼？其他國家的企管碩士班學生少修一半課程、被咋唬了嗎？我們不這麼認為。

近年來，我們開始重新思考教育的傳統是否還有道理。**群眾教育，就像大量生產製造和群眾行銷，已經被更加個人化、更加快速度的學習方式所取代。**

即使講師在教室裡的角色也起了重大變化，香港理工大學教授艾瑞克・徐（Eric Tsui）告訴我們：「若非數百年，至少也是數十年以來，傳統教育其實是講解得太多。你可以想像科技的革命效應；現在我們發覺，你不必來到同一地點聽教授或老師授課。不僅如此，我還可以從同儕學習，不只是向老師學習。」徐教授講的是一種綜合的學習形式，學習經驗的每個面向，從課堂到機動授課到全球互動，全都發揮其力量。

我們也和認識多年的華頓商學院副教授凱文・韋巴哈（Kevin Werbach）交換意見。他一向很注意媒體和學習的最先端創新科技。他告訴我們他對大規模網路開放課程的觀察，以及他如何創造大規模網路開放課程。「人們犯的一個錯誤是，他們以為大規模網路開放課程必須花費數十萬美元去製作；這是不對的。重點是內容的品質，不是呈現的樣貌。譬如，我教一門遊戲化的大規模網路開放課程，它分成六十多個視訊單元。每個視訊單元只有大約 5 分鐘長。」

有一點很重要，必須在這裡提出來，雖然韋巴哈強調製作一門大規模網路開放課程的費用成本不高，如果你還記得前述

優達學城每門大規模網路開放課程的預算是 20 萬美元的話，其實每一門課的製作價值和複雜程度、講授人時間的價值和測驗及認證的細節，各有不同。

大規模網路開放課程基本上是從教育最完善的一面出發，即一位老師對他講授的課題熱情十足，又有能力將其課題傳遞給有心學習的人。此外也了解到 5 ～ 20 分鐘的注意力不僅是流行所致，而且是沒有來由的，只是一般普遍認為「千禧世代有注意力不足過動症，無法專心」，但它是人們傾向的簡單最佳吸收知識的方式。於是將熱忱的老師和此認知結合起來。

我們請教韋巴哈這個現象，因為他不但契合長期傳統大學華頓商學院的結構，也靠著大規模網路開放課程平臺「課時拉（Coursera）」線上授課維生。他說：

為什麼需要一小段視訊？就是因為注意力。

從觀看者的角度來看，我們可以討論世代轉移，當然你可以過度大眾化和過度簡化，但是我認為固然視訊取代不了教科書，它變得非常流行。我在學校裡的學生現在看視訊，比起讀教科書，覺得較為舒坦。沒有人會有十足的注意力坐上一個小時，觀看某人滔滔不停講話。他們不會有那種注意力坐在教室看我唱作俱佳表演一小時；我們從各種研究都證實這一點。

注意力幅度不只是最近世代才注意到的問題。為什麼講課會有問題，已經有約 50 年的研究。主要原因之一是，不論講課多麼精采，沒有人能夠聚精會神注意一個鐘頭且還記得素材。

這不是「今天的孩子注意力不集中」的問題。

琳達・史東（Linda Stone）前幾年在我的超新星會議（Supernova Conference）上提出「持續性部分注意力」這個字詞。今天的世界有太多會打斷注意力的事物和資訊來源，而我們已經習慣這樣往還反覆。因此之故，我覺得今天的大學生面臨的挑戰更大。傳統課堂已經不符合他們生活形態。

然而，視訊短並不只是為了保持觀看者的注意力，別以為它們短就是容易製作。短而有效的課讓人想到布萊茲・帕斯卡（Blaise Pascal）在 1657 年那句名言：「我之所以會讓這封信落落長，是因為我沒有時間使它短一些。」

有趣的是，大規模網路開放課程很少即時授課，儘管有現場直播匯流和更快的網路。這就又回到大規模網路開放課程的「大規模」這方面；管理規模太大這個問題，最好的方法是允許學生以本身的步伐學習，不要被綁在特定的時間表。

這就是 Z 世代的特質，以為我們可以任意「時間轉換」，不論是學習、工作或購物。這種假想的第一個訊號是「TiVo」及其他數位錄影機（DVDs）的興起，它們大約就在第一代 Z 世代誕生時問世。時間轉換也替期待及時享樂作好準備，這種期待在 Z 世代襁褓時就出現，一部分是為了讓他們父母和祖父母這一輩不會抓狂，因為時間轉換可讓老、少兩代都調整娛樂時間表以符合他們本身的需求。換句話說，如果你仍然要等到廣告時段才衝去上廁所，那麼你或許需要檢查一下遙控器上暫停

鍵的功能是什麼。

大規模網路開放課程意外誕生

1962 年，20 世紀最偉大的思想家暨未來學學者巴克明斯特・富勒（Buckminster Fuller）就神奇地預測到大規模網路開放課程的根本元素。他在提及教授在教室實體講課的情形未來將會有所轉變時，他說：

我們將改成去挑選在不同領域的權威（即在他們的專業領域極受其他人尊敬的人士）。他們僅只一次把基本講課講解給一群人聽，這群人包括同行的專家和未經這一領域特別訓練的聰明年輕人及成人。這堂課將被記錄下來……它們將製作成電影及高傳真錄音帶。然後，教授及其教學助手可以一再地聆聽錄音帶。

雖然傅勒在 1962 年所說的「高傳真錄音帶」比喻，今天看來似乎過時，但大規模網路開放課程的許多基礎概念其實已經出現在這段話裡，亦即教材的價值不只是它的呈現方式和機械式的重覆，而是由這一領域的大師提供高品質的資訊，讓學生有時間吸收及運用。

大聲教學

和所有深刻的轉變一樣，大規模網路開放課程出現的時

機十分恰當。引用維克多‧雨果（Victor Hugo）的話來說，符合時代潮流的點子，威力無比強大。如果說有什麼例子最能把這句話應用在大規模網路開放課程上，薩爾曼‧可汗（Salman Kahn）當之無愧。

大規模網路開放課程最驚人、最出名的一個成功實例就是「可汗學院」的崛起；最不敢相信它會如此成功的，竟是它的創辦人薩爾曼‧可汗本人。起初薩爾曼在雅虎的塗鴉記事本（Doodle Notepad）上貼上簡短的數學課，只是為了幫助他的表親娜迪雅（Nadia）明白基礎算術問題，譬如公斤和英磅如何換算。薩爾曼從麻省理工學院拿了 3 個學士學位，又是哈佛大學企管碩士，住在波士頓地區，2004 年開始在網路教導娜迪雅時，正在一家小型避險基金公司上班。不久，娜迪雅的兄弟、親戚和朋友也都想要參加。為了簡化，薩爾曼開始錄影，並把視訊貼上「YouTube」，不料就此風行。

薩爾曼湊巧選擇以「YouTube」作為平臺教導她的表親，也算是天意；它純粹是因方便和免費可以傳遞他要教授的內容。他最早教娜迪雅時採用雅虎的塗鴉記事本，就是一對一教學，但是如果他選擇私底下授課，「可汗學院」就不會是今天這個面貌存在，這就好像威廉‧蘭道夫‧赫斯特近乎意外接管他父親的第一份報紙，後來卻改變了報紙和媒體世界。

薩爾曼‧可汗所採用的超連結正是我們所謂的「大聲」教學，也就是教學不再只限於教室裡或私下補習，而是廣泛地廣播出來。薩爾曼說：「如果你看著某人在解題，同時『大聲講

出來』，我認為人們會覺得它更有價值，不會望而生畏。」他的方法使全世界其他學習者可以找到他，也就是這種偶然性使得可汗學院蓬勃成長。

起初，薩爾曼偶然發現回饋的好處，不斷修正，它一直是薩爾曼模式和早期其他網路學習模式的一項重要區別。薩爾曼說：

假設你在學騎腳踏車，我先開講講解，然後給你一輛腳踏車試騎兩個星期。兩個星期後，我回來看你。「我們來瞧瞧。你左轉有困難。你沒辦法完全停下來。你只是 80 分的騎者。」然後我在你額頭貼上一個大「丙」，又說：「這裡是一個單輪車。」〔在可汗學院〕我們的模式是，學任何東西都像你要學騎腳踏車一樣。先上腳踏車，跌下來。只要有必要，再來一遍。直到你掌握要領。傳統的模式是它懲罰你的實驗和失敗，但沒預期你掌握要領。而我們鼓勵你實驗，我們鼓勵你失敗，我們也預期你掌握要領。

掌握要領不是只接收資訊，不是只讀、寫或討論，而是要運用得來的知識。

薩爾曼・可汗開課的目的不是要成立一家公司，更不是要透過比爾暨梅琳達蓋茲基金會、安暨約翰道爾基金會、雷曼基金會或谷歌等的資助來成立國際著名的非營利組織。可汗學院的使命是：「提供免費的世界級教育給任何地方的任何人，以

改善教育」，就好像谷歌的使命是，組織全世界的資訊，讓普世皆能取得它、運用它。但是和谷歌不同的是，可汗學院顯然堅持非營利的模式。

薩爾曼原先只是幫他表親及愈來愈多的追隨者補習，他逐漸轉向、擴張為幼稚園至高三的教育平臺，起先慢慢發展，後來速度加快，教材範圍不再只是數學，也擴大到物理、化學、公民、經濟學、藝術和歷史。可汗學院目前占所有大規模網路開放課程開的課程和上課學生的一半。

回到雨果那句話，這一切發生在最恰當的時刻。儘管高失業率令人困惱，某些就業市場卻面臨相當缺乏合適人才的困難。可汗學院網站上有數千人表達下述類似心聲，其中 2012 年 6 月 27 日，達倫留言：[6]

哇！我剛收到專業工程師執照，太感謝你了！我是個 53 歲的年輕人，高中畢業後念過專科，就業後，再回學校拿了大學文憑。可是我主修不是工學院，因此畢業後不能參加工程師培訓考試。隔了 30 年，我決心要拿到專業工程師執照。我沒有修過工學院的許多主要課程，如流體力學、熱力學、電子電路等。我在中學只念到幾何學。我在大學只修過一門數學課，就是中級微積分。我星期五修一門課，星期六另修一門課。第一年沒通過，而今過關了。若非可汗學院協助，我一定辦不到。你們太棒了，有如希望的綠洲，在這個世界很難找到。

達倫是個典型的 Z 世代，「53 歲的年輕人」，他明白學習是終身的旅程。

教育的目的不是要選個終身職業；反倒是要以選擇終身學習為職志。很微妙嗎？或許是，但是在這個微妙的轉變中有個機制，即我們將持續不斷改造教育，以便持續不斷改造社會。談到教育的大改革，我們犯的最大錯誤是認為我們可以每隔數十年改造教育制度，服務下一世代的工作和技術。

過去，這種情況之所以可能純粹是因為大變化發生太不頻繁，雖然當時的人或許不這樣想。天搖地動的科技大變化彼此之間間隔的時間夠久，足以重新訓練老師和重新打造課程，但是今天情況變了。科技向前跑，對於變化如此遲緩反應，將像是以火車頭在追腳踏車；不論火車速度有多快，你根本不能快快鋪好鐵軌去追那會躲閃、迂迴前進的腳踏車。

如此缺乏靈敏度也是失業問題的根源。如果我們不能體會到教育方法和機構需要靈敏度，我們絕不可能重新快速培訓人才供應明天的組織。

讓我們舉個例子來談論 Z 世代：經過培訓的數據科學家。今天的數據科學家等於是 1980 年代和 90 年代的電腦程式師。差別在於 1980 年代和 90 年代的大學，像工廠生產線大量生產程式師。軟體革命一路往前衝已有 30 年，當時的程式語言（如 Assembler、BASIC、Fortran COBOL）已經相當普遍、長久存在。由於這些程式語言的壽命期可以存在數十年、而非僅有幾年，因此我們有時間環繞著它們建置課程和學位。電腦語言的 S

曲線還未全力加快速度，像今天這樣把教育機構遠遠拋在後面、望塵莫及。

　　然而，要追上新科技技能需求的挑戰，已經變得愈來愈困難。程式語言層出不窮，你從自修或在職中自學的人裡頭找到一流程式師的機會，可能要比從學校找到人才的機會大。今天，你如果問一屋子的程式開發師，他們在大學主修什麼，很少人會告訴你他主修電腦科學。

　　學校停止培養程式開發師了嗎？當然不是。問題在於，它們培養的程式開發師在今天派得上用場嗎？以我們和科技界巨人公司來往的經驗而言，答案很肯定是「不」。雖然你可以找到有關科技業就業情況的許多相互牴觸的報告，例如從麥肯錫和顧能（Gartner）指出未來幾年有數百萬職缺可能找不到人，到《大西洋月刊》2013 年有一篇文章宣稱科技界缺人是個難解之謎，但我們要說的重點是，科技教育不是學校是否有能力發放學位文憑，而是它們是否有能力追趕得上學生需要的技能。

　　沒有能力追趕得上，就是為什麼缺乏有良好培訓的數據科學家是個嚴重問題的原因。許多組織都需要專門人才分析大數據來開發我們在前一章所提到針對行為的了解。

　　麥肯錫在 2011 年提出一份報告指出，估計到了 2018 年，美國將短缺 14 萬至 19 萬名有大數據分析技能的人才，以及 150 萬名依據大數據作出商業決定的經理人和分析師。

　　需要具備新技能負責數據分析的人才，並不只是想要占據競爭優勢，你需要它才能跟得上市場。根據凱業必達招聘網

（CareerBuilder）執行長麥特·福格森（Matt Ferguson）的說法，科技技能貶值的速率和實體資產貶值的速率相當。我們自己的看法是，這個說法太保守。我們要說，科技技能是任何組織當中貶值最快的資產。科技的步伐加快，技能很快就落後，彈射效應不僅把科技優勢向前推，它也很快地消除掉對舊科技技能的需求。

雖然身為科技的消費者和使用者，你會受惠於彈射作用，它對廠商供應及出售商品給新一波進入市場的使用者也有利，但是它對想要深刻了解及精進最新技術的人並沒有好處。換言之，使用者介面和科技經驗更方便，並不代表基礎科技就比較不複雜。事實上，情況恰好相反；基礎科技改變的速率加快。

重點是我們的教育模式明顯跟不上。學習不能僅限於在教室授課。新實情是，任何人、隨時隨地都是可能的學生，事實上也必須是學生。

因此，我們使用大規模網路開放課程作為在教室之外傳授教育的主要載具，就把問題解決了嗎？並不盡然。大規模網路開放課程只是平臺。問題還是在於，我們如何改變Ｚ世代的行為，讓終身學習的動機一直不退。答案來自一個最不可思議的地方，那就是要看我們怎麼玩遊戲。

善於利用教育遊戲化「新手指導」

有人問起，我們對Ｚ世代的學習和工作方式有什麼看法，我們的標準答案是不妨看看他們玩遊戲的方法。Ｚ世代在玩遊

戲時必須與網路上廣大的社群互動，又需調適、即時學習才能步步進展，因此早已學到合作的寶貴教訓。在這些遊戲中，沒有囉嗦的使用者說明，或是耗費時間的輔導。學習主要是透過觀察和實際動手。可是在遊戲世界，它不叫學習，一般稱為新手指導（onboarding）。所謂「新手指導」是使用視訊和互動實例邀請你參加，並迅速開發你的信心和能力，指導你走出「新手」階段。

即使是簡單的遊戲，如 2013 年上架、非常受歡迎又具爭議的「笨鳥先飛（Flappy Bird）」，也設法告訴你，分三步、如何玩，儘管事實上它只有一個控制器，而且遊戲也力求簡潔明白。

比較複雜的遊戲，如出自暢銷的「決勝時刻:黑色行動（Call of Duty: Black Ops）」系列，則很深入，要確保你不是湊巧買了它且不會只玩一次，而是能夠很快地能力「升級」，希望你想花更多時間功力日益高強，尤其是當你和別人競賽時。

許多第一人稱射擊遊戲，如「黑色行動」的玩家，雖然已經熟悉這些遊戲的控制器和目標，遊戲的前 10 分多鐘仍花在讓你有機會了解，如何使用手中的實質控制器，例如：如何跑、跳、射擊、重新裝填槍彈或換武器，以及如何了解顯示畫面，它列出你的健康情況、還剩多少彈藥、標示敵友的雷達和地圖、遊戲還剩多少時間結束等。

這些遊戲不假設你什麼都懂，但是假設若是盡早「上手」，可以幫你克服起初顯得笨拙或覺得低能的恐懼。它們把你拉進入「流動」過程，導引你和遊戲愈相處愈舒坦。它們通常設定

目標，譬如找到某個隱藏起來的東西、使用某種武器若干次，或成功使用特定技能若干次，然後就「解開」新能力或進入下一個目標，證明你已晉級到更高階的能力。

一流的遊戲非常懂得設計正確的時點，一則挑戰你，但又使你保持舒適，不會感到挫敗。它們之所以如此了解這些學習曲線不是沒有道理的，因為它們找來新手和高手測試遊戲經驗上萬小時，找出何種情境下會出現挫折感。它們不亂猜測，它們肯定不會等到產品上市才來思索玩家會怎麼反應。

事實上，微軟公司透過出售超過一億臺以上「Xbox」遊戲系統，已經計算出典型的玩家在大學畢業前已累計花了約兩年半時間在玩電玩遊戲。蒐集到的經驗數據是如此龐大（即大約高達 7 億 5 千萬小時花在遊戲上），以提供堅實的證據，讓你看到人們是如何學習。

和我們在第五章討論以證據為基礎的行銷一樣，以證據為基礎的學習，不論它是遊戲或是「傳統」學習經驗，都是現代學習的鎖鑰。重點是別被誘導以為某種東西必然是「遊戲」，才能適用遊戲原理；譬如用在學術環境或在企業內部，也未嘗不可。

谷歌的故事：在職學習

如果我們把在本章已經學習到的東西，運用到企業環境，允許大規模網路開放課程、遊戲、新手指導和參與，取代今天

大多數公司召開教育訓練講習會的方式，會是什麼狀況？其實，谷歌公司目前就是這麼做，它推行「谷歌人對谷歌人（G2G）」學習計畫。

谷歌倡導「20％時間」原則（這是 3M 公司在 20 世紀之初首開風氣，期許工程師花 20％時間在「未決定」的項目上的原則一樣），期待釋放內部創新的潛力。它透過「谷歌人對谷歌人」項目已經延伸到整個谷歌內部學習領域。在谷歌之外，一般人把這套方法稱為「同儕對同儕（peer-to-peer, P2P）」學習。

谷歌的挑戰是要交出足夠的持續訓練機會，允許它不只繼續創新，還能培訓出有能力的工作團隊，能迅速處理包羅萬象的各式問題。有些訓練項目由通常不會涉及學習和教導的知識淵博的同仁帶頭，有些則由比較傳統的部門，如人力資源部門和學習發展部門同仁帶領。

谷歌發現它幾乎不可能又快又廣泛地建立講師帶領的學習訓練，以迎合公司的需求，因此它改採「谷歌人對谷歌人」這種更傾向 Z 世代的方式來代替傳統的學習方案。**谷歌內部有 55％的課程是由人力資源部門和學習發展部門以外的同仁來授課，主題包羅萬象，從工程專業課程到讓你意想不到的消防呼吸。沒錯，就是消防呼吸！**

谷歌大約有 3 萬 7 千名員工，其中超過兩千人曾經創立及領導「谷歌人對谷歌人」課程，以大多數人一般都畏於公開演講和傳統上對於公司內部教育訓練興趣缺缺來看，這是很了不起的參與。[7]

「活動布萊特」的故事：員工領導的訓練

　　「活動布萊特（Eventbrite）」是成立於 2006 年的一家網路售票服務公司，幫助活動策展人規畫活動、訂立售票事宜，並透過社群媒體工具在網路上推廣活動。泰・懷特（Ty White）在創辦「胡椒天地實驗室（Pepperland Labs）」之前是「活動布萊特」公司的產品經理。他敘述公司如何利用類似谷歌模式的「同儕對同儕」學習方式，在 2011 年開始由員工領導的教育訓練。「活動布萊特」的「同儕對同儕」模式以「布萊特營」為核心，通常是為時一小時、由員工領導的真人互動課程，主題五花八門。和谷歌的模式一樣，「布萊特營」並不限於只涉及到工作的題材。懷特向我們說明「布萊特營」誕生的情形：

　　「布萊特營」誕生是因為我看到一位同事的需求。她原本是個老師，加入「活動布萊特」擔任顧客支援工作。她感到十分挫折，因為周遭的人了解所有的技術問題，可是她卻什麼也不懂，可是她又沒有辦法向他們請教。

　　我們發現公司裡有聰明又能言善道的人才，他們可以輕鬆地教授有趣的課程，而且如果方便且又發生在相對十分壓縮的時間裡，他們也樂於學習眼前的問題。

　　我們先利用「Python」（一種很常見的程式語言）開辦唯一一個「布萊特營」。

　　我們心想：「如果有 5 至 10 人對此有興趣，我們就很高興

了。」不料全公司大約 40％同仁出現在教室；我們嚇壞了！對了，這些人並不是希望日後能成為程式設計師的人。他們只是希望能曉得夠多，足以了解大勢所趨，設法和實際生活發生連結而已。

最不濟，他們就是浪費一個小時來滿足好奇心罷了。因此即使失敗，損失也不大。假如沒失敗，那就是重大收穫！我們就此一路辦下來，根據從同仁蒐集來的建議，規畫極大多數「布萊特營」課程。

早期另一個「布萊特營」是有關銷售策略。當時，我們公司約有一百名員工。這代表有一百個人可以向他們遇上的任何人推銷公司。

我們雇了一些善於社交、口齒伶俐的人，他們可以向別人介紹我們公司、說服他們採用產品，但是他們未必曉得如何推銷。因此我們請營業部門派人來教大家如何推銷。我們又再次大爆滿。效果棒極了。

我們推出更多有關設計、競爭者、財務、預測、募資、搜尋引擎最佳化和行銷的「布萊特營」課程。它真的變成內部員工的平臺，大家可以分享他們正在努力的項目，以及日常工作點滴。這不僅是員工的園地，也是上司能來的地方。

這時，「布萊特營」才只有將近 3 年的歷史，但已經擴張為任何人想談、也有人想聽的交換平臺。這是長達一個小時的簡報，由員工自主經營和領導，通常是每週或每隔一週聚會一次。經理人甚至要求正在參與大項目的員工，要定下每季目標，

到「布萊特營」向公司其餘同仁說明他們進行的任務。

　　你做這件事時最重要的是要兼容並包。情況變成如果你有聰明的員工，他們有些有趣的事要說，你只需要給予他們一個平臺。

「搖滾工匠」的故事：動態型學習音樂的方法

　　我們將以一個實例來總結我們對學習革命的討論，它對現代學習方法的有效性訂了很高的標準，但也顯示學生為了提升學習所需達成的目標其實可以相當低。最棒的是，你自己可以很輕鬆實驗，看看它是怎麼運作。

　　我們最喜歡舉的 Z 世代是如何界定學習過程的例子，是教你如何彈吉他的一個遊戲「搖滾工匠（Rocksmith）」。搖滾工匠和早期遊戲，如吉他英雄（Guitar Hero）或搖滾樂團（Rock Band）不一樣，它讓使用者有完全客製化、個人化的學習經驗。上了幾堂搖滾工匠課之後，你就可以拔下插頭、跳上舞臺，或至少是跳上客廳沙發高歌一曲。

　　最簡單的動作，如樂器接上插頭，以及稍為複雜的動作，如調音（對於完全沒有音感的學生，或以前完全不知道如何給吉他調音的人而言，調音有可能相當困難），明白訂定在「新手指導」的過程當中。

　　傳統的吉他老師會要求你買數位調諧器，把吉他插上插頭，不厭其煩地把吉他調音到傳統帶弦吉他的標準音符上。然而，

搖滾工匠有螢幕解說和內建的調諧器，告訴你確實如何往某個方向轉你的吉他之調音栓。它也以視訊顯示你調音時究竟是轉得太高或太低。

事實上，你的樂器若沒有調好音，你根本無法開始演奏「搖滾工匠」。就和薩爾曼·可汗認為在你掌握腳踏車之前，你不宜學習騎單輪腳踏車一樣，搖滾工匠的創始者認為，若是你的樂器沒有正確調音，根本就不必學習如何演奏它。你只會打從一開始就學會錯誤的演奏法，那將是很糟的習慣，為你的吉他知識奠下錯誤的基礎。

搖滾工匠最大的突破之一，類似可汗學院已直接建立在其學習系統之中的原則，那就是調適型或動態型學習的主張。簡單地說，身為使用者，你必須展現具有基本知識才能繼續往更複雜的教材前進。起先，這可能令人士氣沮喪，但是學習過程其實很快速。在搖滾工匠，這個遊戲假設你完全不知道如何演奏一首歌。因此，它只讓你看到最少數量的音符，讓你有充足時間對螢幕上向你飛過來的每個新音符作回應。隨著歌曲往前，你也展現能夠跟上音符，遊戲就會根據它「聽到」你演奏的證明，調整音符、和弦和彈撥模式，以及其他技術。接下來它會「調升」你應該再試彈的曲子（增加難度、音符的數目或靜音及扳弦的技術），或是「調降」（降低難度），以便你留在學習和調適會有相當挑戰的區間，可是又不會難到把你嚇跑、放棄的地步。這的確很不簡單，即使是世界級音樂老師一對一親身教學，也做不到這一點。能有類似這樣的動態、即時的學習經驗，

是另一個科技和行為彈射的時刻。

我們兩位作者之一是音樂家（你若上「The GenZEffect. com」就會知道誰是這位音樂家），7歲開始學音樂，後來進入貝克理音樂學院，讀到畢業。當他說：「**這是學習彈奏樂器的革命，它使得傳統的音樂教育就像是穴居時代古人說故事一樣。**」千萬要相信他。這不是育碧（Ubisoft）的行銷炒作，也不是出自我們本身熱中遊戲。研究策略集團（Research Strategy Group）進行一項全國性的調查，發現搖滾工匠是「學習吉他最快的方法」。[8]這有一大部分要歸功於「搖滾工匠」告訴你哪裡錯了，允許以你需要的方式學習；而不是透過一再反覆彈練、未必跟著歌曲的調性同步進展，搞得你垂頭喪氣。

我們找到貝克理音樂學院另一位校友、育碧的尼古拉斯‧波納迪（Nicholas Bonardi），也是「搖滾工匠」的發明人。透過他，了解這個遊戲是怎麼創造出來的，以及他從一百多萬位玩這個遊戲的玩家身上學到什麼。他說：

我在加入「遊戲坦克（Game Tank）」這家創造目前育碧搖滾工匠遊戲的公司之前，就喜歡「搖滾樂團」和「吉他英雄」。我極為喜愛這些遊戲。它們問世時，正是我開始厭倦吉他的時候；而到目前為止，我玩吉他已經17年了。它們出現時，我心裡想：「我玩吉他已經夠久了。我不想再玩了。我不覺得再玩下去會有什麼創意。」這時我開始玩起搖滾樂團和吉他英雄，立刻就迷上它們，又起了當搖滾樂明星的大夢，因為這些遊戲

促銷的就是它。

　　我記得一度幻想當搖滾樂明星，然後突然想到：「我怎麼會一直玩這種塑膠樂器呢？我究竟怎麼了？」後來我開始頻頻玩起吉他。

　　在遊戲坦克，我們只有一個基本理念：創造一個真正用吉他的遊戲。一開始，連我在內，共有 3 名同仁。基本上，就是以真正的吉他玩吉他英雄。想法就這麼簡單。

　　傑克和我開始做，因為他根本不是音樂家，所以聘我負責音樂方面的事。我們就從這兒著手探索，「最好的學習方法是什麼？」我們開始密集研發，找出能讓我們透過遊戲真正學習彈一首曲子的最佳方法。當我們和潛在的使用者交談時，先問：「你為什麼想要玩吉他？」答案往往很單純：「我想藉玩吉他而學會一首歌。」

　　因此，這個遊戲就是讓你能夠盡快學會彈奏一首歌。我們聘請一個獨立的研究單位研究搖滾工匠，它們回報的科學數據顯示，有 95 ％從前沒有玩過吉他而今玩起搖滾工匠的人，實際上學會如何彈奏吉他，在許多方面都有重大進展。他們也拿它和傳統方法對比，答案是「搖滾工匠是學習如何彈奏吉他最快的方法」。

　　前面提及兩位作者之一在學校主修音樂。當他剛進入貝克理音樂學院時，主要是鋼琴演奏師，但是也曾當著一小群人和數千名聽眾演奏小喇叭、中音喇叭、節奏吉他和低音貝斯。他

帶著一堆器材到貝克理，它們大多與鍵盤有關，但是他也有一把電吉他、電子揚聲器和相關的音效器材。他很清楚，他絕不會跟周圍專攻吉他的音樂家一樣棒，而且看來不可能跟得上他們的水準。

把時間快轉到許多年之後，即搖滾工匠問世之後，經過兩個星期，每週 3 天、每次 30 ～ 60 分鐘練習，他的技術水準已遠超過以前的程度，其實在他進入貝克理之前已經修習吉他，也彈了約 10 年的鋼琴及其他樂器。

我們倆任何一位會成為下一個吉他傳奇人物嗎？這相當不可能。我們倆任何一位會重拾玩吉他的樂趣，對吉他產生前所未有的信心和能力感覺嗎？這是鐵定的！

多年來我們在我們的工作坊和進行諮詢顧問工作時都是質疑者，客戶想要「提高標準」以創造變革。**我們的主張是：我們應該降低足以讓人們絆倒的門檻。踏出第一步，最難；而讓它更難，並不能推動變革。**它創造出更大的恐懼和不確定感，妨礙個人、團隊和大型組織前進。其實可以不必如此。

這種想法正是搖滾工匠一開始就有的念頭。波納迪說：

我們希望拆除掉所有學習演奏的障礙。因此我們把它弄成：吉他一插上插頭，就出現聲音。這個聲音就是應該出現在唱片上的聲音，因為當你以正確的聲音正確地彈奏某個樂器時，它的聲音就應該和唱片上的聲音一樣。

我們最初的目標是讓人從他們自選的歌曲彈奏任何東西。

我們只要他們奏出最小、最簡單的音符。某種能讓他們立刻參與、從最低層參與的東西……你不必擔心調子、音階、趕上音樂的速度或是曉得如何演奏與否等。很多未知數，統統排除掉。你只須專心在能夠彈好一個音符。一旦你會了，就被鼓舞繼續下去。自我激勵很重要，因為，現實上，放棄學習吉他的人遠多於實際玩吉他的人。

搖滾工匠善於利用相當新穎對行為修正和模仿的了解，它們告訴我們，行為改變不只是涉及到意志力或「投入一萬個小時」，而是創造和重覆許多小習慣來取代舊習慣。結果造成迅速、顯明地「提升」技能和行為，而它們是傳統學習方式所忽視且認定本質上不可能的事，而搖滾工匠和其他動態的學習環境則要證明它們是長久以來的迷思。

當你尋找如何把學習建立到你的工作或生活時，請注意，啟動和持久學習的動機，從許多方面來講都比內容本身更加重要，因為你若不能讓某人學習某個議題，他們肯定絕不會「提升」他們的知識或技能。

從檢視可汗學院、布萊特營，以及黑色行動或搖滾工匠等遊戲的事例，我們應該考量使用比較小塊的學習，它們可以被方便消化，並且可以畫為幾小時或幾分鐘運用，而非幾天或幾星期之運用；它們也提供了更快的回饋，不論回饋是來自遊戲輔導、手機應用程式的迷你輔導、導師或教練。如果你在研究理論或法規、政策或程序等詳盡資料，要很快找出方法運用此

一理論，方便學習者看到它已經啟動起來。

我們已經變得很自以為是，預期成人學習會是長時間、拖得很久，又很無聊的過程。其實現在這未必是常態，不論是在教室或會議室裡都是一樣。

重點在於教育不再是隨意可選擇的。當做對的時候，持續學習以內置其中。隨時、隨地皆可以學習。從一小步開始，並且可以在你自己公司裡實驗這些想法。

特斯拉汽車（Tesla Motors）創辦人伊隆·馬斯克（Elon Musk）曾說：「任何產品需要手冊才能運用，那就掛了。」

行動篇

向 Z 世代領導人學習

- 彼得‧諾維格，史丹福大學教授

- 塞巴斯蒂安‧特龍，優達學城執行長、史丹福大學研究教授

- 薩爾曼‧可汗，可汗學院創辦人

- 人人大學

- 凱文‧韋巴哈，華頓商學院副教授

- 課時拉（Coursera）

- 艾瑞克‧徐，香港理工大學教授

- 麥特‧福格森，凱業必達招聘網執行長

- 泰‧懷特，胡椒天地實驗室創辦人及活動布萊特公司前任產品經理

- 尼古拉斯‧波納迪，育碧公司搖滾工匠首席音效工程師

- 伊隆‧馬斯克，特斯拉汽車創辦人

你準備好接受 Z 世代了嗎？

- 你個人曾經利用大規模網路開放課程學習嗎？如果不曾，網路課程有什麼題材會讓你有興趣一試？

- 你的公司有提供或利用大規模網路開放課程嗎？

- 你如何讓員工快速吸收有興趣的話題？

- 你提供機會給員工「大聲」傳授和學習嗎？

- 你曾經試過如搖滾工匠之類的新遊戲或遊戲似的經驗，來看你是否能夠更快、更容易學習新技能嗎？

你要從「GenZEffect.com」接受全面評估，找出你是否已經準備好接受Z世代效應。

CHAPTER

7

突破障礙：
Z 世代的劇本

和知識有關的任何事情裡，恐懼將只會製造抵抗。

──彼得・杜拉克（Peter F. Drucker）

本章將探討 Z 世代最引人入勝卻也是最大破大立的一面：它有「突破」制度
運作的習性。我們將先討論突破既有思想的好處，然後再集中在三種突破行
為上，即群眾募資、3D 印刷、對智慧財產和專利態度改變，這三種突破行
為對 Z 世代的大環境和未來影響最大。

檀香山市政府的官方網站需要大改版，這是非常大的更新。有個在地軟體開發公司報價 930 萬美元，預備以兩年時間建置一個全新網站。一部分人略通網頁開發的當地居民聽到這份報價之後，可以有以下選擇：第一，坐視 930 萬美元納稅人的錢白白浪費，即等候兩年，讓官網建置完成；第二，借助社群媒體發起抗議運動，迫使市政府仔細檢討費用為何如此高昂。他們卻沒有選擇這兩條路，反而走第三條，他們突破制度而行。

　　總部位於芝加哥的非營利組織「美國數碼組織（Code for America）」向這家軟體開發公司挑戰：徵求各方高手設計一個相同的官網，專注在公民的需求，錄用者將獲得 9,300 美元費用。這筆 9,300 美元只有廠商報價的千分之一，這顯然不是巧合。

　　不到幾星期，數百個設計案湧至。美國數碼組織再和檀香山公民團體開了一整天的研討會，討論官網需要回答那些問題。他們利用蒐集來的數千個問題為基礎，建立一個難以想像乾淨俐落的網頁，讓訪客一提問，就可接觸到解答問題所需的一切資源。

　　檀香山市民因此省下 9,290,700 美元。

　　「美國數碼組織」社區動員主任凱薩琳・布瑞希（Catherine Bracy）把它稱為「公民駭客」的最佳案例。

駭客的光明面

檀香山這個案例反映出「駭客」這個字詞的本意：突破障礙、專注於使我們個人及專業經驗有意義且符合宗旨上。

雖然不是每次的駭客都是「公民性質」，但我們所看到的是：駭客最根本的心態就在於質疑那些被接受或被定型的行為。駭客想要找出方法繞過現狀；它可能是指以較少時間或較低成本做某件事，或是接受某種似乎非常艱鉅、難以克服的挑戰。駭客也針對問題最基本、最細微的部分下手，目標是改變整個體制，而非只求消除症狀或治癒根源（詳見圖 7-1）。

雖然駭客這個字詞有時候具有極為負面的字義，但它卻像是其他有創意的問題解決方法，提供我們既能為善也能為惡的力量。

在 Z 世代效應的脈絡裡，我們使用突破障礙這個字來形容駭客存在的正反兩個方面。第一，它指的是駭客不畏艱險的心態；第二，它認知到「連結個人、動員社群，以及推動不可能的任務，以求達成積極正面結果」這種能力的正面影響力。

Z 世代和在它之前的世代，如 Y 世代或千禧世代，都被認為具有「理應享有權利」的意識。對此一現象最常見的解釋是，這些世代成長在小孩被鼓勵要勇於自我表現的家庭裡，失敗，很少遭到批評；成功，一直受到誇讚。其流行的哲學是「每個小孩都是贏家」。

我們認為這種行為特徵，尤其是要擺到 Z 世代身上的話，

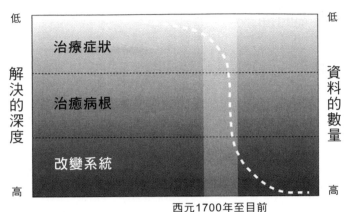

低　　　　　　　　　　　　　　　　低

解決的深度

　治療症狀

　治癒病根

　改變系統

資料的數量

高　　　　　　　　　　　　　　　　高

西元1700年至目前

圖 7-1　尋求解決方法之演進

人類存在的絕大部分時間裡，我們依據經驗證據解決問題，即如果解決方法似乎一再有效，我們就拿來套用。隨著過去三百年科學方法演進，我們能夠蒐集更多的資料，能夠辨認問題的起因，以更深刻的理解來處理問題。今天我們更依據對相關系統的根本機制有所了解，進化到系統化的解決方法。我們把最低層次的解決方法視為「駭客」，因為它試圖改變制度的最基本單元。譬如，醫學更進步的話，將直接影響基因層面，改變我們人體如何防止及治癒疾病的最基本的機制。

是不正確的。我們願意提出另一個不同的解釋。我們從本身的研究，以及在與專注青少年的組織（如第五章提到的解放兒童）和專注建立幼稚園至高三生創意技能的全球非營利組織「頭腦創新思維競賽（Destination Imagination）」之互動上，所得到的觀察心得是，他們的態度不是把享有權利視為理所當然，而是極端有信心。

　　如果這些年輕人被認為對自身及其能力太有自信，那是必

要的，因為他們將要面對的困難將超過商業界、教育界和政府迄今必須對付的任何問題。

當我們回顧人類驚人的成就，從最偉大的世代（他們挺過全球大蕭條，然後拯救全世界脫離暴政），到嬰兒潮世代（他們的創新創造出全球網際網路），我們不以為他們傲慢或信心過強。我們反而以他們的英雄、睿智行為能夠推動文明進展為榮。我們要說，Z世代也有這種勇氣精神迎接未來一個世紀我們將會遇上的艱鉅挑戰。

我們就別在這裡咬文嚼字，具體來說，Z世代能夠信心十足面對世界，相信他們有能力對付下列種種挑戰是件好事：氣候變遷、所得不均、缺乏普及教育、失業、金融危機、能源需求、難以取得乾淨水源、衛生條件惡劣，無一不是棘手問題。這種挑戰若無深刻自信、有創新能力的人，無法克服。

2011年，我們從所謂的「阿拉伯之春」看到這股精神在全球舞臺堂堂演出。從2011年1月的突尼西亞開始，一連9個月，抗議者利用社群媒體組織起示威活動、抗議不公不義。這是草根革命，竟然推翻了突尼西亞、利比亞和埃及政府，也幾乎擾動中東地區每個國家。

民眾揭竿而起當然不是新鮮的事。然而，這些社群媒體使得運動有能力迅速透過科技把參與者串連起來，超越傳統的權力和影響力管道，動員起來的規模和複雜程度大到能夠有效地打擊政府和商業，若是在從前，不投資大錢在組織上則無此效果。這種繞過體系俾能達成有意義的目標之能力，就是「突破

障礙」。

最為大破大立的三種行為

雖然駭客有無數的方法可運用來解決我們面臨的巨大挑戰，下列三種行為我們認為最為大破大立且最有意義，可以改變我們加快創新、趕上前途的挑戰：資金方面、生產製造方面，以及保護智慧財產權方面。這種超越有如串連起構想及其影響之間的鴻溝之橋樑；在每一個案中，我們都會看到超越現狀是建立可永續之未來非常關鍵的一環。

我們選擇這三個方面還有一個原因，因為要向非 Z 世代的人解釋未來時，它們是最大的概念障礙。重新想像資金、製造和智慧財產權之所以很難，是因為每方面都已固定在既有模式和框架中，早已長久深入到今天商業界的形貌中。有能力向掌握財富的機構和個人募到資金，幾乎是每個大型企業成功所必備的本事。20 世紀的歷史就是創新和保護「主意」的歷史。汽車大王亨利‧福特（Henry Ford）的 T 型車重點不在產品起了革命，而是生產製造出現革命，也就是他發明了生產線的概念。專利和商標制度是一座堡壘，沒有它，蘋果這類品牌就不可能存在；也就是說，要蒸蒸日上，品牌從標誌到其裝置無一不需要法律保護。換言之，我們無法想像沒有這三種自由企業的礎石，今天的世界會是什麼模樣。

從許多方面來講，改變這些 19、20 世紀的體制，相當於改

變宗教的教規。但這就是我們必須要做的。我們即將討論的內容，有時候會給人褻瀆的感覺；你會對體制已經敗壞的說法感到生氣，甚至會對有不同方法處理這些事大表不然。沒問題。我們希望你能夠深思，能夠挖到夠深的岩盤重建未來。

資金方面的突破

我們在第五章談到行銷和企業影響力的性質改變，當時我們強調影響力是驅動Z世代的根本力量，因為它開門迎進破壞性的構想和創新。然而，影響力最大的改變和創新的最大加速力道，將來自突破任何新構想會碰到的最大障礙：如何找到資金支持新構想。

Z世代效應又要在這裡**翻轉**長久以來的籌措資金、把新構想帶進市場的舊模式。資金籌措方式的改變對Z世代至為重要有一個原因，涉及到對小型企業的態度改變，以及小型企業將在未來的經濟繁榮扮演極為重要的角色。

小型企業是經濟永續成長非常重要的一部分。在美國，過去20年所創造的淨增加新就業機會，過半數來自員工不到500人的小型企業。不過，各界對勞工統計局所提出的數字是有辯論的：它說過去20年小型企業貢獻的淨增加就業機會約為60%，總體增加就業機會則將近70%。

此外，除了就業機會貢獻，小型企業更富有創新力量，比起大型企業，員工人均專利權數值大出許多。根據美國小型企

業管理局 2014 年一份報告[1]顯示，平均而言，員工人數不足 500 人的小型企業，擁有的專利權是員工人數 500 人以上企業的 16 倍。但是員工人數不足 15 人的小型企業，相較於員工人數 8 萬 3 千人以上的巨型企業，人均專利權更驚人，高出 134 倍。[2]

降低這些經濟引擎的角色，就像從生態系統中拋棄浮游生物一樣：它可能需要花費一段時間，但最後每個有機體，包括位於食物鏈頂端者，都會受到影響。事實上，幾乎每個產業最大型組織的成長都來自併購。至於創新，則必須在一個沒有什麼新構想不能奏效的、許許多多理性理由的頭腦中，先生根才行。

評量創新需要相當不同的工具，一個能啟動規模經濟的工具，而這是小型企業一向欠缺的。評量創新的重要性讓我們想起曾經與一家世界級科技公司執行長的談話。被問到他公司顯然缺乏有機的創新這個問題時，他答說：「我不以為我的職責是當創新家。讓別人去教育市場，為什麼他們的產品值得買吧！我的職責是掌控資金；一有需要，就有能力調動資金。」

的確，實驗的風險對許多大公司而言也非常大，相較而言併購已經證明成功的東西，風險就小得多了，即使發明同一產品的利潤會很大。這正是為什麼我們看到當今之世企業併購蔚為風潮；最好是買下創新，而不是打造創新。

然而，這卻使我們陷入一個困境，萬一小型企業的創新速率滿足不了大型公司購買創新的胃口呢？我們已經建立起全球經濟的巨獸，它對購買創新已有不能饜足的大胃口。這代表如

果新創事業和小型企業興旺成長，對經濟的正向影響會相當可觀；否則，經濟就會遲滯。

　　我們為本書進行研究時發現一個意外的新聞，即研究指出一般人對小型企業的態度逐漸出現深刻變化；將近50％的千禧世代，以及出生在Z世代的人，希望創辦他們自己的事業。這表示他們需要籌募資金，可是資金需求愈來愈低於許多專業投資人預期的門檻，而數字卻遠超過來自傳統來源，如天使投資人和創業投資家的投資數字。譬如，2013年，美國境內的資金成交案件不到5千件。天使投資人只投資了884件，總數為11億美元。[3]創業投資家投資3,995個案子，總投資金額為294億美元。[4]

　　拿這個數字與一個事實作比較：美國每個月出現超過50萬家新創公司，這個數字自2006年以來就穩定上升。[5]雖然這些新創公司只有約30％有一名以上員工，而且能撐過一年的新創企業不到20％，每年仍有400萬家新企業拿不到外界資金。它們全是注定會變成下一個臉書、「YouTube」或蘋果公司的創新事業嗎？當然不會，但是如果只有百分之一有機會，仍有3萬5千家企業得不到外界資金；**這些數量是能夠得到資金的企業之7倍。**

　　從日益有人有意開辦事業觀察，我們看到從傳統來源的投資資金水位不足以永續促進長期的經濟成長。結果就是一般人所謂的市場出現「轉譯鴻溝」；這個鴻溝就是死亡區，由於創業家缺乏資金把點子從概念證明為可行，點子就胎死腹中。

但是，假設除了花時間之外，別無其他成本，就可以在市場測試你的主意，你會怎麼想？假如你的點子得到市場讚賞，你可以利用已經到位的資金立刻推動，你又會怎麼做？

這種突破障礙就是群眾募資，我們認為它將是未來幾十年加速新事業和創新最大的推動力之一。

在大未來之中占一點小希望

群眾募資有兩種方式。第一種方式是「股權眾籌」。雖然透過投資人出資、換取股份而籌資並不是新鮮的點子，但過去80年這種作法受到相當嚴格的限制，創業家不能直接向一般投資人募資。換句話說，你要向誰募資受到限制，因為你必須向證券交易委員會申報核准一切的股份招募。此外，你只能接受「經認可投資人」出資，意即投資人的淨值至少是100萬美元（主要住所不計在內），或過去兩年年所得至少為 20 萬美元（已婚者為 30 萬美元）。

到 2013 年 9 月 23 日為止，上述第一條不得公開向一般投資人募資的禁令已經廢止，你可以透過類似「RockThePost」的群眾募資平臺宣傳向一般大眾徵募投資。本書出版時，只限向「經認可投資人」募資的第二道限制也將會修訂，納入實質上有意投資的任何人都可投資。雖然對依據所得能夠投資多少錢仍有限制，修法已經大大擴張了新創事業籌募資本，以及投資人參與日益興旺的新創事業的機會。

保證合約

群眾募資的第二種方式是在凱克斯達特（Kickstarter）和贏得夠夠（Indiegogo）等網站平臺上向購買者，或只是對新構想有興趣的個人招徠。你從一家新創公司預訂產品或服務，或者只被當作是捐獻人，換來公司送你印了產品標誌的一件汗衫或一個馬克杯，或者純粹捐錢贊助。

這種交易大半涉及到一般所謂的「保證合約」。保證合約只是籌資公司提出的一項協議，如果沒有達到它設定的集資最低門檻，所有進來的錢都會退還給投資人。背後的思維是，如果最基本的資金都籌不到，這個計畫就無法製作或交付產品或服務。另外還有別種形式的群眾募資，雖然不訂募集資金最低門檻，即使集資沒達到設定目標，新創公司也可以保有募到的錢，不過罰金很高，譬如贏得夠夠公司要收 9%。

看不見的數十億美元資金

如果你認為群眾募資只是一陣風趨流行，請再注意一下。到 2014 年 3 月 3 日為止，光是「凱克斯達特」這個平臺，就從 570 萬 8,578 人收進 10 億多美元。這些個人當中超過 160 萬人支持一個以上的項目；超過 1 萬 5 千人支持 50 個以上的項目。[6] 所有的群眾募資交易，估計總值超過 20 億美元。本書執筆寫作時，「RockThePost」募到的股本將近 2,500 萬美元。

更令人驚奇的是，凱克斯達特在 2009 年 4 月 28 日開張，

大部分人，尤其是傳統投資人和銀行，都認為這是「瘋狂的點子」，但是不到 5 年，它就達到上述成績。凱克斯達特一開始的表現平庸，第一天提出 7 個項目，只有 40 個人承諾出資 1,084 美元。截至目前為止，2013 年 3 月 13 日締造高峰，當天一天之內各方承諾的金額是 402 萬 9,585 美元 4 角 5 分。

然而，轉向群眾募資並不保證一定籌得到資金，過半數以上的群眾募資項目根本沒達到集資目標，不論它們的規模大或小。

如果群眾不夠多，產品也不夠，那還差什麼？網紅名人！

Z 世代名人

我們正在進入狂熱創業的時代，點子和資金源源不斷，而飢渴的全球人才無不空前努力創造各式各樣的機會。

問題在於你要怎麼樣創造新東西，又能有機會受到注目？你要設法建立堅實的狂熱粉絲基礎，在你的產品還沒問世之前，他們就想要搶先擁有；或許甚至在他們確知需要它之前，就想要搶先擁有；他們把他們的社會影響力注入網絡，製造傳統行銷和廣告辦不到的狂熱。

許多 Z 世代似乎都已練就這套核心本事，能夠建立和引領他們本身的品牌和影響力。譬如，網路藝名「愛賈斯汀（iJustine）」的賈絲汀・艾薩瑞克（Justine Ezarik）在 2007 年 7 月 13 日貼出一段短短影片，她在影片中打開盒子、取出三百多頁的哀鳳（iPhone）電話帳單，[7] 頭十天點閱率就超過 200 萬

人次。艾薩瑞克原本只是默默無聞的早期實境秀真人，意即幾乎每週 7 天、每天 24 小時都把自己一舉一動透過影片直播出去的網路人物；這下子立刻爆紅。

我們在 2007 年報導艾薩瑞克的故事時就很清楚，她是當今媒體明星新血，藉由影響力現身在鎂光燈下。「愛賈斯汀」的影片突然製造出來的注意焦點，也造成美國電話電報公司（AT&T）改變它把數百頁紙本帳單寄送給客戶的舊方法，這是企業界聽進客戶抱怨的早期跡象。

2007 年以來，更多「YouTube」影片明星出現，企業界也更加注意社群媒體，不過大部分企業界仍然不看重「YouTube」和影片內容的價值。舊式的財富金字塔心態仍然深深鏤刻著唯有電視和電影業才是「專業影片」的觀念。

Ｚ 世代網紅的影響力還另外有一些明顯的事例發生在娛樂業，藝人能夠跳越通常守住大門的中間人。默默無聞的洛德（Lorde，譯按：1996 年出生的紐西蘭女歌手）才只有 16 歲，把她的音樂放到線上音樂分享平臺聲雲（Sound Cloud）上；它等於是只有音效的「YouTube」；乍看之下，聲雲對音樂界的貢獻，就有如「YouTube」之於影片一樣，其實不然。她很快就吸引了龐大的粉絲，被唱片界巨擘拉瓦唱片公司（Lava Records）看中，一躍而為當年度最熱門的音樂明星。

在洛德這個案例上，拉瓦唱片公司採用消極的群眾募資方式，注意到她人氣上升，把她拔擢出來，繞過傳統的星探。原本純粹是藝術的一回事（即物色才藝人才），得到增強，有時

遭到取代，藉由在眾聲喧嘩中找尋一張單曲，找出全世界最歡迎的原始音樂內容。

企業內部的群眾募資

現在你可能以為群眾募資只適合初期階段的新創事業、獨立音樂家或向消費者訴求的項目。或者你也陷入世代陷阱，認為群眾募資只適合熱門的新公司或咖啡灌多了的二十郎當歲青年人。其實絕非如此。

突破障礙最大的貢獻是有能力創新我們創新的方式。自古以來，創新，尤其是大型組織內部的創新，必須遵循相當直線式的軌道，先從構想階段開始，通過評審委員會、內部撥款、訂定預算，然後證明概念、做出原型、測試，最後才進入生產製造階段。假如我們把這些活動壓縮到只剩構想和製造兩個階段，會是什麼狀況？

雖然有相當多的群眾募資事例受到相當注目，也在網際網路上引發熱議，其實早期已有許多在企業內部群眾募資項目的實驗，譬如 IBM 內部提案眾籌平臺（IBM iFundIT）的項目，它超越企業內部創新的傳統模式。我們認為這些活動對一些大型組織極其重要，因為它們往往點子、構想豐富，可是當要為這些點子找經費時，它們又礙於公司作業程序幾乎寸步難行。

對 Z 世代而言，創造這一種類似群眾募資的內部程序非常重要，他們已經持續暴露在公開群眾募資成功的實例下。**企業環境沒有能力出資贊助新鮮點子，會讓 Z 世代十分受挫，就好**

比是不給他電腦、只給他一部打字機去工作一樣。說不定還更糟，因為他們自己就可以走出去，自己掏錢買到裝置，可是他們沒有資金贊助自己的點子。

IBM 的故事：企業內部群眾募資

我們訪問麥可‧穆勒（Michael Muller）博士，討論 IBM 企業內部群眾募資方法的「IBM 內部提案眾籌平臺」。穆勒是 IBM 重要發明家，協同作業使用者經驗群發明研發組負責人。他說：

「IBM 內部提案眾籌平臺」是一位負責研究的副總裁的點子，他想把 2003 年開始的創新腦力大激盪（Innovation Jam）來個大改造。腦力大激盪是由經營團隊仔細設計來刺激創新，每兩年選定一個題目進行 2～3 天的動腦會議。IBM 全公司約 40 萬名員工，人人都可參加，以 5 分鐘發表他的點子。對於 IBM 這樣一個大型公司，這是將點子貫注到公司思考程序非常好的機制。腦力大激盪和內部提案眾籌平臺等項目是草根的創新；這是 IBM 跳脫純研究活動，保持本身活力的重要設計。

IBM 內部提案眾籌平臺是把腦力大激盪提升到下一個層次的自然演進，讓有點子的人能將它實現的一個方法。它基本上是 IBM 內部的群眾募資。我們的第一個「內部提案眾籌平臺」項目，投資 5 萬美元，當時我們認為這是了不起的大數目。在

這位研發副總裁部門裡有 500 名員工,每人認了 100 美元。你若仔細分析,這個數字似乎不大。但是我們發現,其實也不必太大。

參與者有一個月時間提案,向其他同仁推銷,並在他們所屬部門,譬如紐約的華生研究中心籌募經費。由於各個團體地理位置相鄰,推銷活動就在走廊和午餐時間進行。

我們募到約 50% 的預算,能夠參與的人也有約 40% 參與。這算是相當堅實的參與率,我們認為它相當成功。可是,這才是開端。此後每次「內部提案眾籌平臺」的試驗都更加成功。

我們最喜愛的一項在「內部提案眾籌平臺」中的構想就是在現場裝上 3D 印表機。當時我們 IBM 華生研究中心還沒有 3D 印表機。提出這個構想的人非常有創意,在傳統的雷射印表機旁邊擺了一個牌子,上面標明:「難道你不希望現在使用 3D 印表機印東西嗎?」一點都不意外,他們很快就募集到經費。

後來 IBM 在聖荷西的阿爾瑪登研究中心(Almaden Research Center)也想要爭取 3D 印表機。他們有類似的重點,但是當地的副總裁希望是更加明確的科技方案。這位副總裁只說,「這裡有點空間,我們需要技術創新」,然後要求大家提供創意。

大約在阿爾瑪登研究中心試行 IBM 內部提案眾籌平臺的同時,負責 IBM 全公司許多創新計畫的首席資訊長辦公室,也想進行測試。首席資訊長辦公室和華生研究中心、阿爾瑪登研究中心不同之處在於,它所轄單位非常分散,員工分布在十多個國家。這的確是很有意思的挑戰,因為同仁並沒有走廊和餐廳

方便大家隨時碰頭、交換意見。你也沒辦法跑到同事辦公室去打招呼：「嘿，能不能請你支持我的提案啊？」你必須透過網路說服別人，而且極大多數情況是，你以前根本沒見過這個人，大家素昧平生。

可是，阿爾瑪登研究中心和首席資訊長辦公室募到我們3倍的預算，也幾乎把它全數花掉。事實上，它們一度有超支之虞。我們在華生研究中心的第一次試驗，募到約41％預算的承諾，它們卻得到百分之百的承諾，如果不是他們叫停的話，拿到約110％的承諾也不是問題。他們後來又有兩次試驗成功，這變成他們正常創新作業的一部分，不僅在首席資訊長直屬單位如此，又推及到整個IBM。我們不再監管它們，這也顯示我們已經很成功，可在IBM公司內部移轉項目，也開創了可轉移的能力。

鑒於IBM公司規模龐大，我們請教穆勒有關不同世代員工參與IBM內部提案眾籌平臺的情形。IBM公司的政策並不允許就年齡不同作統計分析，部分原因是歐洲國家有嚴格的法律對此設限，不能蒐集這類數據。穆勒只能就傳聞來談世代差異似乎沒有那麼大：

就我個人所知，在IBM內部提案眾籌平臺中提案的人，年齡層分布得很廣。有位年輕同仁，我常說他是「年紀只有我一半，智商兩倍於我」。年齡層的另一端，有位IBM院士（其為

IBM 總裁小湯瑪士・華生設置的企業內部榮銜），他提出一個構想，卻爭取不到經費，可見人們並沒盲目服膺權威。或許他的構想還不夠好，而且儘管 IBM 院士非常聰明、對商業改造迭有重大貢獻，他們的提案並沒得到支持。群眾否決了它們。我們一再看到群眾展現某種形式的群眾智慧。有些提案募到經費，有些提案差點就成功募到經費。但是也有些提案幾乎剛端出來就死了。情況就是這樣。

穆勒強調 IBM 內部的多元化，以及沒有人必然比其他人更聰明、肯定不會一直都比別人聰明，這個信念是「IBM 內部提案眾籌平臺」這類試驗的基礎：「IBM 數十年來奉為金科玉律的一個信念是，『我們沒有人會比我們全體更聰明』，因為要解決困難的問題需要多元的才智和許多不同的觀點。因此，要讓人們在這種情況之下出錢，最好的方法是讓人人有相同的機會、相同的預算、在同儕間有相同的地位。我們就是這麼做的。」

IBM 雖然不進行正式的社群網絡分析（即社群網絡的視覺化），但公司卻進行了更直截了當的分析，即向每位提案人提問有關他和每位出資到項目裡的人關係如何的一套問題。穆勒說：

我們把每個項目的出資人名單整理出來，透過電子郵件發給提案人。問題之一是，出資人是否「我完全不認識」，換句話說，即全然的陌生人。在我們最初的試辦項目中，有 40％出

資人和提案人完全不認識。在首席資訊長部門那個案例，數字躍升為70％。構想是否強有力，顯然是比個人關係更為重要的因素。同仁也跨越國家界限、組織界限和工作團體界限，投資他們認為最重要的構想。

人們也會出資贊助他們認為會有益其他團體或有益IBM文化的構想，未必需要直接有利他們本身。我們在許許多多不同案例上看到這個特徵。

另一點很有意思，就是我們沒有發現缺點。我們想知道，如果你的提案不被接受，你會退出嗎？你會不爽嗎？結果我們沒有看到這種跡象。

非常熟悉你的受眾，是提高你的群眾募資方案成功機率的方法之一。以企業內部群眾募資而言，穆勒注意到，至少依IBM的經驗而言，專注在公司目標的構想是長期成功的鎖鑰：

我認為很重要的一點是，經費主管或經費小組向提案人和投資人很清楚地說明項目的重點，並且提供一個概念「封套」裡面，讓人可在其範圍內自由創新。你不能讓人完全自由發揮創意，那會使人陷入遭拒。譬如，某一個案例是，有人太晚才發現訂定的目標是科技方面，而他們提案的卻是士氣提振方案，在此情況下他們果真又回頭提案，並提高索求經費目標，以確保自己會失敗，為的是他們不想提出非針對組織需求設計的東西。

這個人的態度是：「如果我的構想竟然不符組織的需要，我不會讓它發生。我會允許個人失敗。」喔，我們並沒有責怪任何人的意思。

　　我們體認到，IBM 內部提案眾籌平臺要能永續，我們必須接受某種程度的失敗，仍然慶幸有許多人參與。

　　穆勒提到的最後一點，涉及目標導向的經費和處理否決，這是經常起辯論的話題。直覺來說，和我們討論這種內部群眾募資的人士希望打開穀倉門，騰空一切，以避免限制創新。我們卻發現這鐵定會招致失敗。除非你在組織所需要的東西四周建立參數，你不可能建設性地批駁提案，或提供回饋給提案人。而且也會極端困難去發展任何商業模式，或期待項目會產生財務回報。

　　和向顧客進行群眾募資一樣，IBM 發現，內部群眾募資需要積極動員；過程必須積極運動，讓人人曉得他們在提議什麼，以號召粉絲，並且更理想的是，要把消息散布出去。光是貼出「絕妙點子」，期待人們會接受它，這是行不通的。穆勒說：

　　積極運動對提案人和主持試驗或主持運動的人而言都很重要。我們在華生研究中心試驗時，每週發出新聞，可以看到每星期一新聞公告一出去，參與率立刻明顯升高。

　　他們在阿爾瑪登研究中心召開全員會議，每人有 120 秒鐘可以推銷他們的項目。在首席資訊長部門，因為上班場地不在

同一地點，他們以比較分散的方式在網路上推銷。我認為很清楚的教訓是，內部群眾募資需要強有力的推銷。有時，出資給他們非常喜愛的項目的人，也會幫忙推銷。

在阿爾瑪登研究中心還有另一個非常有趣又成功的推銷技巧，就是借用一具可以在遠端操控的社交機器人代言。這具社交機器人穿梭在阿爾瑪登研究中心的辦公室推銷社交機器人項目，當然它順利募到經費。由項目提案人作推銷，很重要；由主持人或上級主管推銷整個項目也很重要，可以引導人們追隨。

最後，它不僅是有人出來提議某個構想，而且可測試出群眾是否相信它，不僅願意掏錢（這是參與的基本層次），還願意幫忙宣傳，把項目視為己出。

生產製造的突破

蘇曼・穆拉穆迪（Suman Mulumudi）在初中要升高中的空檔決定要好好休息一下。如果你有兒女、侄兒女或孫兒女，就會曉得這個過渡階段有多麼彆扭。這段期間，什麼事都在變；青少年的身體和頭腦似乎都在飛快前進，兩者成長的速率都超過主人本身了解的地步。

大部分青少年在這段期間會茫然沒有目標而鬼混，最好的情況就是找一堆活動讓他分神而不會捲入麻煩。但是蘇曼不然。他的躁動不安找到不同的出口。當他念小六時，幾位家

長湊錢給他的學校買了博特製造公司（MakerBot）的「Thing-O-Matic」。博特製造公司的共同創辦人布瑞・佩蒂斯（Bre Pettis）曾經在西雅圖一所公立學校教書，公司從 2009 年就開始銷售家用 3D 印表機，在消費者 3D 印表機市場是知名的品牌之一。

3D 印表機是很直截了當的機器，利用樹脂以連續層印出三度空間的物件。更神奇的是，這些印出來的物件其形狀可任由使用者想像，從簡單的玩具到可穿戴的珠寶，乃至配置儀器的複雜精緻物件，最近甚至連食物和人體內部器官也可印出來。固然博特製造公司只提供 3D 印表機給家庭和輕工業使用，但 3D 印表機在許多商業環境愈來愈普及，從汽車工業到醫學界都出現。為了幫助蘇曼・穆拉穆迪那個夏天不要荒廢時間，他的父母決定替他買一部博特製造公司的複製者 2（Replicator 2）桌上型立體印表機。

大部分同學拿喜愛的武打明星或龐克設計裝飾哀鳳手機殼時，穆拉穆迪卻走另一條路。由於父親是心臟科醫生，他在家裡已經習慣聽到心臟有多麼細緻的敘述。他聽父親描述使用聽診器很難聽到微細、低頻聲音，感到很好奇，也很驚訝醫生無法聽到及記錄來自心跳聲音的資料，特別是今天這麼多東西都已經數位化的時代。他說：

這件事很有趣，但是我覺得它有點不可思議，心跳聲音竟然不能經常性地記錄下來。我很驚訝地發現，來到 21 世紀，許

許多多事情都可用數位科技仔細分析，可是醫學界主要的工具聽診器卻派不上用場。我發現根本問題出在，它不是數位科技化，以及當你要聽心跳聲音，你是在聽診〔透過使用聽診器聽取體內的聲音〕，你在尋找第三心音和雜音。

有人嘗試在胸部擺放麥克風，但是它也不管用。有趣的是，當年發明聽診器，就是採用這個原理。

蘇曼・穆拉穆迪解釋說，1816 年以前，醫生就是把耳朵貼放在病人胸膛聽聲音。有位年輕女郎去找法國醫生瑞內・拉涅克（Rene Laennec）看診。拉涅克拿一張紙捲成像擴音筒，把狹窄的一端塞進自己耳朵。穆拉穆迪說：

因此，基本上，雜音和第三心音都是低頻聲音、靜悄悄的，它們的位置、振幅和長度可以顯示不同的心臟狀況。它們很難聽到，因此一般醫生非常難以有信心地辨認它們。這些病人只好去做超音波心電圖拍照，它索價高昂，你會得到許多偽陽性反應，或是因為醫生沒有足夠的訓練和經驗誤判而為偽陰性。當醫生認為是不正常的心跳聲，經常要病患去做超音波心電圖拍照。雖然這樣檢查可以終止疑慮，但是就後勤作業和經濟而言，並不是所有病患都能這麼做。由於聽診日益準確，偽陽性可以減少，因而減少不必要的超音波心電圖拍照次數。此外，準確度上升也可以降低偽陰性的次數。

另外，還有一種心音圖；這是一種舊技術，可以記錄心跳

聲音，還可印出波形圖。這是已經有十幾二十年的技術。當時的問題是，它很昂貴，而且機器很龐大。這個技術從來沒有流行開來，相較於類比式聽診器，它就失寵了。可是，我們很清楚，能藉由波形圖看到心跳聲的情況是有可能增加診斷的準確性的。

因此，在我面前有兩個問題：第一，我必須考量到事實，目前沒有以數位科技記錄和儲存心跳聲的好辦法；第二，目前也還沒有完善的心音圖，可以真正實用，以及和一般聽診器同樣有效用。我記住這兩點，開始行動。

我們在這裡暫時停住，先再強調一遍。這是一個15歲的青少年在講他初中畢業、即將升入高中那個暑假的經驗。如果你發現自己很佩服穆拉穆迪的成熟，以及他口條清晰地敘述他的思想，你可能也會想：「這只是一個異常聰明的小孩，比他實際年齡成熟很多。」毫無疑問，穆拉穆迪很聰明。我們經常必須回頭再去找訪問對象，重新請他們敘述一遍以便清晰地寫在本書之中。跟穆拉穆迪就不必這樣。你在這裡看到的，就是他第一次跟我們說的話。

我們應該說蘇曼·穆拉穆迪只是一個奇葩、高度有成就者，不是典型Z世代的代表人物嗎？我們認為，若是這樣做，我們就錯得離譜了。穆拉穆迪就是這個世代的聲音。他的觀點就是Z世代最顯著的亮點，與年齡不相干。

我們選擇介紹蘇曼·穆拉穆迪的故事，就是因為他有能力掌握Z世代具有創意特質和大破大立的精力，會使你忘掉他的

實際年齡。

如果我們不告訴你穆拉穆迪只有15歲，你會往這方面猜嗎？當然不會。我們在採訪他時，也一直提醒自己，面前這位先生只有15歲耶！他也不是你所想像的奇葩。在為寫作本書進行研究時，我們有機會與許多生在Z世代或接近Z世代的青少年交談，我們一再地感到佩服。這些青少年具有方向感、很有自信，稍一不察，很可能就把它解讀為傲慢、甚至自大。但是誠如我們在第一章所說的，他們所面對的挑戰是那麼巨大，我們最好要感謝他們深信自己有能力、有潛力。

我們在聖地牙哥訪問了一位青年女郎，她雖然不出生在Z世代年代，卻表現出許多Z世代的態度。她覺得哈佛教不了她什麼東西，於是剛從哈佛大學輟學，然後創辦一個團體，呼籲全世界注意雛妓泛濫的問題。

對Z世代而言，透明化創造出召喚要採取行動，不僅難以漠視這股召喚，還驅動內心深刻的信念，相信自己可以扭轉形勢。聽起來，這和驅動歷史上許多有偉大成就的人的力量，沒什麼不同，但是在Z世代最大的不同的是，他們全都有工具可以實際的方法發揮作用。

這就是蘇曼‧穆拉穆迪給我們的鮮明印象。好奇心和創意不是新鮮事物。而是創意竟然那麼容易可以透過大破大立的科技，如3D印表機，付諸實驗，它們劇烈地改變了Z世代的經驗。博特製造公司使穆拉穆迪有能力把一個絕妙點子從觀念化為事實。在幾分天才和多次實驗後，他製造出一種新型聽診器，使

得病人可以更主動與醫生合作，辨識出特定的心臟異常現象。

利用他的博特製造公司產品和基本信手可得的零組件，穆拉穆迪在他的哀鳳外殼建置聲膜，把它轉到低頻音波，聲音就可以透過外殼內建的管子傳送到哀鳳的麥克風上。

穆拉穆迪創造了第一個以哀鳳為基礎的聽診器，命名為「Steth IO」。不久之後，這位 15 歲少年和他父親合夥成立一家名為斯特拉圖科學（StratoScientific）公司。很快地他又推出另一個 3D 裝置「病變分級機（LesionSizer）」，其用來辨認動脈狹窄現象，允許在動脈最合適位置安裝支架。他為兩者都申請專利。

穆拉穆迪認為，幾乎即時就把構想化為實際裝置的能力，是剷除障礙、向前邁進的重要關鍵：

什麼東西都能製造這個想法，移除相當程度的想像力之限制。我們的思考過程往往局限於一個框框裡面。我們有個早已界定現實的主意，認定了我們能夠製造什麼、覺得我們有可行性完成什麼。擴大你覺得能夠勝任製造的範圍，也就擴大了你想像的水準。你的創意就是這麼解放出來，變得更有彈性、更多才多藝。

他對 Z 世代如何思考解決問題也有一些很深刻的觀點。我們請他談談為什麼覺得 Z 世代有更大能力跳脫窠臼思考。他說：

我想，這裡面結合了兩件事情。第一，我認為框框肯定已經變了，它擴大了。第二，我認為能夠接觸到科技的人比以前年輕多了，也就是說，他們經驗淺，但是有更多科技可辦事。

　　很明顯，經驗會讓你占上風；直覺就覺得你能夠創造東西，或突破挑戰來思考。同時，如果你太依賴它，經驗也會限制住你。並不是經驗不好，而是你把它當作拐杖了。

　　譬如，我年紀輕輕就接觸到 3D 印刷。我發展出經驗，而且經驗愈多愈好，絕對沒錯。不是說經驗少比較好，但是我在運用經驗時，我也願意以未必符合我經驗的方式去思考，也就是說我不被我見過的東西限制。框框其實就是你的經驗，要跳脫框框思考，你必須先接受一個事實，那就是框框（也就是你的經驗）不是唯一一條通路。我想，當你年紀輕輕就有科技可以創造，是比較方便。

　　我們再問穆拉穆迪對於老一輩看待創新時的失敗，有什麼不同的看法。他說：

　　我很難去比較我們這一代和上一代看待犯錯的方式有何不同，因為我不是上一代成員。我真的不知道他們怎麼看待它，但是從我的視角、一個初中三年級生的視角來看，我認為看待犯錯，以及失敗為成功之母的方式肯定有了一些變化。

　　我真的認為，你若不曾失敗，你就不曾成功，因為你若不曾失敗，你就沒有嘗試過任何不確定的東西，你沒有跳脫框框

思想。

　　我認為有兩件事使人害怕失敗。第一是公開受窘，以為失敗了，你就會被人終極審判。我不能理解為什麼有人覺得公開受窘是不去嘗試新事物的理由；我認為這樣豈不更不安全？學習對自己更有把握，對自己在做、在努力要做、在一生要做的事更有把握，是你自己要去界定的事，別人的裁斷是別人的裁斷。到頭來，是由你來決定接受他們的裁斷或是接受你自己。

　　如果你不願意失敗，如果你不願意冒風險，你就走不了更遠。對我來講，**至少我寧可失敗、損失某些東西、跌跤、有機會再站起來，而不是原地不動**；這可能只是我個人的選擇，我認為許多人不會同意。如果我真的只有一擊的機會，我預備投擲出去，盡最大的努力。我個人認為，到最後，我並沒什麼好損失的。那我幹嘛不好好把握這一生全力以赴？至少這是我個人對「冒險」的看法。

　　我們看到採納Ｚ世代思維方式的許多人也都有類似蘇曼・穆拉穆迪的看法。然而，並不只是態度改變而已。觸媒很顯然是博特製造公司有能力把點子轉化為實體物件。

　　我們很容易就可以把3D印刷貶抑為新鮮的東西、像玩具一樣。但是這只會忽視它有無比強大的力量可以連結起費時費錢的「轉譯鴻溝」；這個鴻溝存在於點子和產品的製造空間當中，甚至最簡單的原型都可能貴得令人卻步，而這也是為什麼新產品通常都來自既有的大廠的原因。結果就是漸進創新。

這也是為什麼我們認為 3D 印刷是非常重要的大破大立力量：它增加實驗的速率，創造符合產品效益的個人化生產製造，也提供構想和物件之間的即時橋樑。從許多方面來講，它符合 Z 世代日益透明化的主旨，因為它允許新構想依據其本身長處冒出頭。穆拉穆迪說：

　　科特·柯本（Kurt Cobain）對於青年人的職責有一句名言，我把它改為：「每一代的職責就是質疑上一代。」我覺得從老一輩的角度看，有時就像質疑、叛逆和不信任是同樣的東西。在我看來，它們是很不同的東西。

　　信賴某個人，讓老一輩的人說你的智慧、你的知識和你的經驗很有價值，未必就代表你不會對此提出問題。這不代表你不會質疑它，因為到頭來我們都受制於相同的自然法則嘛！

　　絕對重要的一點是，年輕世代有人質疑老一輩，譬如不是出於不信任、不是出於不敬，而是出於追求知識、追求真理，追求「最適當的方式」。我認為有質問的自由很重要。有時候質問受到誤會，誤以為不是好奇，而是大不敬。我認為問問題非常重要，才能夠找出合理依據，能夠建立正確的心態，會要求合理依據；如果什麼都不存在，那就挑戰現狀，因為合理依據不存在嘛！

　　最後，我們請問穆拉穆迪，他對多世代並肩工作的環境有什麼看法。他說：

我認為多個世代的工作團隊前景看好，因為它代表不是只從一種視角看待世界。你有不同型態的人，來自不同背景、不同世代、不同年齡，可以用不同方法看待主意。它促進現狀改變；它促進多才多藝、彈性以及有創意的思考過程。同時，我覺得我們還需要努力降低既有的世代磨擦。我不認為我們的社會一直能接受或考量不同的視角。有時候我們太快就排斥不同年齡的族群，我認為這對我們往全球化邁進會有負面影響。我們愈是了解不同的視角，我認為對未來會有很大的助益。

　　當 3D 印刷變成愈來愈普遍運用的科技時，穆拉穆迪所描述的種種經驗將成為常態。3D 印刷之於 Z 世代將會和電子印刷之於 X 世代一樣稀鬆平常。兩者都是傳遞思想的方法，但是 3D 印刷的影響將會更大，因為它有更多機會把構想轉化到真實、有用物件的實體世界。

　　世界會怎麼變，有太多不同方式，3D 印刷的影響可能是最難預測者之一。類似博特製造公司的 3D 印表機是創新的平臺；它們點燃起潛能，使構想有了生命。群眾募資即可幫助實現這些構想。

　　然而，加速創新的循環周期和增加取得資金的機會，製造出困擾以前世代、而今 Z 世代也需要面對的問題。它就是保護智慧財產權的問題。

智慧財產的突破

2000 年，我們替德爾菲集團寫了一份白皮書，題目是《網路大憲章》（*Web Magna Carta*）。它的目的是要提醒軟體的開發商和購買人，提醒他們軟體在網路和雲端上出售的方式正在發生激烈變化。其中最大膽的一項主張是，我們認為「軟體應該免費」。

當時，這是極端難以理解的想法，也是非常不受歡迎的想法。事實上，有兩位微軟公司同仁參加我們舉辦的一場研討會，就抨擊我們竟會有這種在企業界完全行不通的奇思異想。他們認為這種想法太天真，又說沒有企業會相信免費軟體，也不會有「真正的」開發商會免費研發軟體。前一年，微軟的共同創辦人比爾・蓋茨才說，林納斯（Linux）這個開放原始碼作業系統是「學生和業餘玩家市場」的軟體。[8]

事實上，軟體業大多數人的一般共識是，肯定有一種會賺錢的商業模式以便企業開發和提供軟體解決方案。當時，軟體業也愈來愈關心如何保護它們的智慧財產權（我們稍後會討論）。

然而，這時出現了所謂「開放原始碼」軟體這股逆流。開放原始碼的起源源自許多地方，但是和芬蘭裔美國軟體工程師林納斯・托瓦茲（Linus Torvalds）在 1991 年的一些工作最有關係；而托瓦茲的工作又是以理查・史托爾（Richard Stallman）1970 年代和 80 年代在麻省理工學院的研究為基礎。

開放原始碼軟體的使用一般被視為是「著佐權（copyleft）」的觀念；故意用來強調和著作權不同。根據自由軟體基金會（Free Software Foundation）贊助的革奴（GNU）作業系統網頁的說法：「著佐權認為，任何人不論有沒有更動就重新散布軟體，必然交出進一步複製和更動它的自由。著佐權保證每位使用者都有自由。」[9]

過去10年，開放原始碼軟體如林納斯，逐漸進入美國政府、聯邦航空署、夢幻工廠製片公司、美國商業銀行和紐約證交所等大型機關的軟體系統。

湊巧的是，微軟在去年是林納斯前20大捐獻者之一。雖然我們喜歡說：「我不是就這樣告訴你嗎？」事實上，開放原始碼並不是一直免費。實際上，今天最大的企業軟體公司之一是紅帽（Red Hat），早就是開放原始碼和林納斯的採用者、推動者和開發者。紅帽的軟體絕對不是免費；[10] 紅帽每年營業收入超過10億美元，大部分來自付費支援和客製解決方案。從開放原始碼賺錢是相當簡明易懂的。你這樣想好了：如果建造一戶房子所需的木材和所有的五金全部免費，你仍需付錢才有水電瓦斯、才能維修、保養及升級更新。然而，紅帽也是少數幾家公司之一，試圖重新談判軟體專利的條件。就一家營利事業公司而言，這不是很容易做及合理辯解的一件事，紅帽的網頁就貼出公司的專利權政策是：「紅帽一向的立場是，軟體專利權一般都妨礙軟體開放的創新，而且軟體專利權不符合開放原始碼和免費軟體的精神。」[11]

如果你不清楚紅帽如何保護它自己及其客戶不受其他強調專利權保護的公司提告侵犯其專利權，請看紅帽的說法，一樣摘自它公告的專利權政策：

　　同時，我們被迫活在目前的世界，這個世界允許軟體專利權。相當少數的超大型公司掌握了大量的軟體專利權。我們相信軟體專利大量集中極易遭到濫用，因為許多軟體專利一般都有問題，也因為專利訴訟費用昂貴。

　　防止如此濫用的防衛方法之一是開發相對應的軟體供防衛之用。許多軟體公司，既是開放原始碼，也是專利所有權人，即執行此一策略。基於本公司利益，也為了保護及促進開放原始碼社群，紅帽選擇採取此一相同立場。我們勉強這麼做，因為它顯得不符我們反對軟體專利權的立場；然而，審慎使我們決定採取此一立場。

　　很顯然，紅帽的政策聲明訊息前後衝突，它指出專利權走到十字路口的事實。但是，不只是專利權遭到攻擊；整個智慧財產權的觀念都遭到 Z 世代嚴密的檢討。根本問題又回到：目前保護智慧財產權的制度是否支持社會要求透明化和開放的目標，讓人人得以取得知識。

　　對智慧財產權的態度改變，最好的例證之一就是谷歌和出版商及作者為了谷歌掃描了兩千萬本以上的書而長期爭執這件事，這些書大多數都還受到版權法保障。2012 年，谷歌和出版

商達成和解，詳情未對外公布。然而，作家公會另外控訴谷歌。美國聯邦上訴法院法官陳卓光裁示不予起訴，判定谷歌有權將這些有版權的書做出索引、搜尋和展示部分內容。陳卓光法官說：

依我之見，谷歌圖書（Google Books）對公眾提供重大便利。它推進科學及藝術的進步，同時維持對作者及其他創意個人相當的尊重，對版權持有人的權利沒有不利的影響。它成為寶貴的研究工具，允許學生、老師、圖書館員及其他人更有效地找出書本。它首度賦予學者能力，可對上千萬本書籍進行全文研究。它保存住書籍，尤其是早已在圖書館角落被遺忘的絕版書和舊書；它賦予它們新生命。它方便無法印行或是處於太遙遠偏鄉、服務不及地區的人取閱。它產生新讀者，為作者及出版商創造新的所得來源。社會各方面都因此受惠。

這種走向開放的趨勢，並不只限於營利事業機構如紅帽和谷歌等公司，還有一個最大的實例是非以營利為目的的維基百科，其完全由免費奉獻時間和知識的志願人員、集結群眾智力所建立的網路百科全書。

維基百科創造 450 萬詞條文字，被稱為造成《大英百科全書》印刷紙本殞落的重大因素。維基百科沒有廣告收入；它由會員負責書寫、編輯和監督。可是它變得異常有影響力，許多人聲稱比起其他任何參考來源，維基百科影響力更非同小可；

它是全世界第七大造訪者最多的網站，僅次於臉書、谷歌、「YouTube」、雅虎、「Live.com」和 VK（VK 相當於俄國的臉書）。[12]

維基百科能成功，很大一部分不是因為它涵蓋大量資訊，而是人們信賴它，因為它對貼文的格式和內容有嚴格規定，也規定貼文不准收費（也就是說，不得經有可能因文章而受惠的人委託撰稿貼文）。

對於專利權的角色和價值，以及它對創新構成的障礙，目前我們正明顯處於其認知的重大過渡期間。我們在研究所教課，學生對廢除專利權保護這個議題的正反意見剛好五五對分。可是大學生卻是壓倒性高達 80％，覺得專利權保護是從創新的腳步非常遲緩的舊時代所遺留下來的殘跡。他們認為絕大多數的專利權只不過是大型企業握有的一張執照，據以阻滯創新，它們才能將過時的技術投資之價值擴大到極致。

我們聽到許多人駁斥這個態度，認為這些學生需要「長大」，但是我們不是這樣解釋。固然這個視角可能有些理想主義的元素，這裡頭也有改變的種籽，由年輕人種下，他們有能力重新檢視已經失去效用的行為和態度。

很意外，班傑明．富蘭克林（Benjamin Franklin）是美國史上最早期的發明家之一，他就強烈認為新發明不應該享有專利，應該提供出來造福全民。

你可以說富蘭克林的觀點是那些家庭環境富裕的理想主義者的概念。但是 特斯拉汽車公司創辦人伊隆．馬斯克這位最受

敬佩的當代創新家，最近才把特斯拉所有的專利公布到開放原始碼，你又怎麼說？我們本身的研究發現，74%的個人、不分年齡層，相信專利與商標辦事處已經過時，需要重大改造，同時有20%的人相信它最後會沒有用處。

雖然態度的改變一向伴隨著世代轉移而來，每個世代都會挑戰他們父母親的智慧，然而界定行為的界線絕非沙土上的一條線，它們是數十年來建立的榮耀之堡壘。我們還未有拆除專利權及商標制度的理由，是因為它讓那些建立它的人利用它，不分它有其效率或效率低下。譬如，專利權訴訟有個成長最快的領域即涉及專利流氓；這指的是律師或整個事務所專門從專利權所有人手中買下未使用的專利權，然後向產品或許可能侵犯其專利權的中小型企業提告。請注意「或許可能」這個字。因為事實上重點不在專利權是否受到侵犯，而是訟棍提告，辯方的法律費用遠超其申請專利之費用。結果就是涉訟深淵，除了讓訟棍發財和扼殺創新之外，毫無正面貢獻。事實上，谷歌曾經捲入一場極其過分的專利權戰爭，而它自己曾經是日後成為全世界最大發明市場高智發明（Intellectual Ventures）的投資人。高智發明由微軟前任技術長納森‧米爾佛德（Nathan Myhrvold）創立，於網路泡沫之後開始營運，買下陷入困境或倒閉的網路公司的專利權。起先的構想是成立「防衛基金」，防止專利權受侵、保護原始所有人的利益。可是隨著高智發明成長，它耍弄專利權制度的行為也造成莫大爭議。

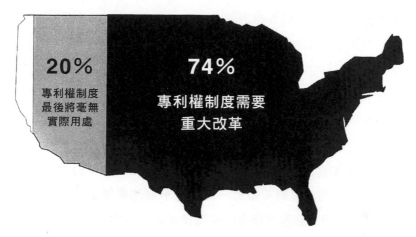

圖 7-2　美國專利權制度狀況（以答覆調查之百分比為準）

資料來源：德爾菲集團（Delphi Group）

　　某些鬧得沸沸揚揚的個案，其荒謬簡直令人不敢想像。譬如，創新智財發明公司（Innovatio IP Ventures）控訴使用無線上網的所有旅館、咖啡店和其他設施，聲稱它們使用無線上網傷害它的專利權。即使住宅端的無線上網使用者也可能遭到控訴。最後，全案和解，但創新智財發明公司還是拿到將近 300 萬美元的和解金。

　　另一個案例，美國運通（American Express）把運通卡安全碼（CID 和 CVV code，即信用卡正面或反面用來驗證交易的三或四個數字）申請專利。為了使同業人人都能採用這套安全認證程序，美國運通實際上把專利權捐給一家非營利機構，讓大家可以使用。可是，高智發明透過旗下一家公司從此一非營利

機構買下專利權，轉而提告美國運通的競爭者。

很過分，是不是？是的。但是制度是這麼規定的。它有道理嗎？如果你事事照規章走，它非常有道理。專利權原本的用意就是如此，保護擁有專利的人，幫投資人賺錢，創造一個市場，讓專利權的價值從專利權受益人流向創造發明者。

但是，且慢，**當你考量到千禧世代和Z世代的合作行為時，他們覺得有道義責任分享他們的思想，也深信共享經濟絕對比人為保護的經濟優異；如此一來，就不難想像當Z世代進入職場時，對父母和智慧財產權的態度會如何起作用。**

如果我們在未來10年沒有看到專利和商標制度在全球各地出現激烈改革，那才是奇怪的事；不僅如此，未來10年，不僅科技產業，還有其他許多產業，如製造業，甚至製藥業等，也會出現著佐權和開放原始碼的運動。

我們知道聽起來有點會招罵，但是製藥業每年獲得核准的新藥平均數量，[13] 自從1975年以來就沒有變化，可是同一時期研發卻增加10倍，[14] 顯然我們目前協同一致的創新活動一定出了問題。在這種情況下，突破體制障礙不是有趣的花邊新聞，而是必要的改革。

拉動安燈拉繩

突破障礙比起英國人當年制訂《大憲章》，其革命意義絲毫不遜色，《大憲章》訂出一個新的治理形式，讓民眾對統治

其生命的力量有更大的發言權。差別當然在於《大憲章》只是企圖安撫憤怒的民眾，民眾唯一的出路是公然的公民抗爭和不服從。協議的目的是在人民心目中貫注希望，以為那些有權有勢的少數貴族會帶來改變。

然而，Z世代更像是工廠裝配線。豐田汽車生產制度有一個核心就是所謂的「安燈系統」。任何在裝配線上工作的人，發現有瑕疵或異樣時，都可拉動沿著裝配線牽的這條繩子。一旦安燈拉繩被拉了，領班就過來檢查問題出在哪裡，如果問題不能在規定時間內糾正，整個裝配線就停頓。**豐田汽車在美國肯德基州的工廠，正常的一天，安燈拉繩每天會被拉5千次，難以想像之多。**

和豐田汽車生產線工人一樣，Z世代不等待別人來拉安燈拉繩。人人有發言權，人人可以讓流程叫停。

這種特別的能力，甚至說是義務，Z世代必須運用手中所握的科技方法去超越長久以來界定組織如何運作的制度。Z世代明白前途多艱，從環境永續能力到全民教育，都需要全新的做事方法。

行動篇

向 Z 世代領導人學習

- 凱薩琳・布瑞希，美國數碼組織社區動員主任

- 賈絲汀・艾薩瑞克，透過她「愛賈斯汀」影片立刻暴得大名的網紅

- 洛德，歌手兼作曲家

- 麥可・穆勒博士，IBM 協同作業使用者經驗群發明研發組負責人

- 蘇曼・穆拉穆迪，「Steth IO」聽診器發明人

你準備好接受 Z 世代了嗎？

- 三種突破障礙行為（籌集資金、生產製造和智慧財產權）當中，你曾經涉及到，或至少有思考過哪一種？

- 你看到這些突破障礙行為每個的價值嗎？或是你對其中之一有抗拒感？為什麼？

- 身為消費者，你會透過群眾募資平臺資助新項目嗎？

- 假設你是發明家或新創公司，你有想過群眾募資也是傳統籌資方法的另一替代選擇嗎？

- 你的組織有考慮以內部群眾募資平臺，找出最好的項目和經

驗去資助，作為加速創新的方法嗎？

- 你曾經偶然試驗 3D 印刷技術，或是有特定的商業運用的藍圖嗎？

- 你曾經使用過以著佐權為準、而非著作權為準的商品、產品或服務嗎？

- 你的公司曾經考量使用著作權的另類方案，如「創作共用授權條款」，去使用具有著作權權利的材料嗎？

你要從「GenZEffect.com」接受全面評估，找出你是否已經準備好接受 Z 世代效應。

結論

歡迎來到 Z 世代

如果你想建造一艘船，
不要鼓勵人們收拾木頭，卻不分派給他們任務和工作，
而應該教他們渴望浩瀚的大海。

——安東尼·聖修伯理（Antoine de Saint-Exupery）

過去五千年，我們經歷無數的世代，代代在歷史和時間長河留下特殊的地位。有些世代改造世界，有些則默默無聞代代相傳。

可是我們毫不懷疑，許多世代覺得他們所處的歷史時點是人類的巔峰，從這個時點，大改變和嚴肅的決定重新打造未來，甚至結束它。有些世代躬逢歷史巨變，譬如，經歷西元前 500 年古希臘文明崛起、見證民主原則誕生、西元 476 年的羅馬帝國覆亡、17 世紀的科學革命、19 世紀的工業革命、第二次世界大戰，以及太空競賽。

巨大的世界責任重擔現在就在我們門口。本書一開頭就列舉出種種挑戰，似乎難以克服，這些挑戰包括：恐怖主義節節升高、氣候變遷、貧富懸殊、全球年輕人失業問題嚴重、全球負債是全球國內生產毛額的 313%[1]、能源價格攀升、迫切需要朝向再生能源進展、世界對立鮮明、固然億萬富豪不少但仍有將近 10 億人類無法享用清潔水源、25 億人類缺乏基本衛生條件。

然而，我們不預備寫一本書敘述世代偏見和失望。《Z 世代效應》這本書談的是希望，把人類，我們全體連結起來的希望，它將賦予我們能力處理這些問題，演化我們的文明，並改造我們的世界。

那麼，我們對 Z 世代已經有了什麼了解？

一、Z 世代很簡單。 本書正式出版時，世界上啟用的行動

裝置其數字將大於全球人類總數。我們的汽車、房子、牙刷和藥品將會彼此對話。他們已經掙扎走過數十年的科技時期，它要求我們了解科技是如何運作的，現在的確是如此。科技原本是分隔世代最大的一股力量，現在卻將把所有年齡層的人統統團結起來。科技變成偉大的平等催生者；它是 Z 世代效應的基礎，因為它創造出共同的立足點。

二、Z 世代已經超連結。我們終於幾乎全部都持續地、簡單地和直覺地連結起來，跨越每個界限，包括最強大、最難撼動的界限：年齡和地理位置。

三、Z 世代受過良好教育。普及教育原本是個很難捉摸的目標。在歷史上絕大部分時間，對世界上許多人而言，中等教育和高等教育是夢寐以求、難以企及的奢望。但是我們已經看到，接受教育已經以驚奇速率大幅開放。Z 世代將是實現全民皆可在合理費用之下接受教育的第一個世代。

四、Z 世代是團結的。接受我們訪問的一位人士說：「跨世代分享經驗和知識的能力，對我們是個積極正面的影響。不同的世代相互學習。它對我們的組織輸入新生命，也幫助我們實現我們的潛力。」

對我們來講，Z 世代效應的最終應許，以及推動我們熱切寫這本書的動力是，每個年齡層的人類都將有機會平等地參與創造未來。

奇普・希思（Chip Heath）和丹・希思（Dan Heath）兩兄

弟 2007 年合著一本書《創意黏力學》（繁體中文版書名；原文書名：*Made to Stick*），提到一種所謂「知識的咀咒」的現象，它指的是一旦你知道某件事，你就很難記得不知道它時，是怎麼一回事。我們作者倆就是希望你在讀完這本書後：你就不再只盯著世代歧異，會接納它們是自然定律，而且透過這個理解鏡頭，你將決定成為 Z 世代的一員，因為這是資訊時代最後的一個世代，也是超級互聯時代的第一代；稍為變化，我們相信那將比以往任何革命更深刻地改變世界。

它的確由你選擇

從我們的文化和我們的信念，到我們的價值和意見，不論是什麼因素驅動我們，我們也被每個人類最基本的需要驅動，必須吸收知識，並與和我們有共同興趣的其他人連結。

Z 世代不只是旅程上另一個航點。依我們管見，它是經歷許多千年才走到的目的地，是人類的里程碑。**我們已經到達歷史上的一個重大時刻，我們將會看到每個人和全球社群終於統統連結起來。**

因此，我們過去一直以為世代差異是理所當然的事，而今一個不受世代差異羈絆的新世界之潛力，終於可能實現。

但是我們每一分子，不論是個人、組織和國家，都有許多事必須要做。我們在本書中列舉許多工作，但是我們不希望我們描述的可能狀況取代了仍需要重大努力才能促成的轉變。

本書中從頭到尾舉出許多案例和建議，它們有助於你和你的組織準備好，而且能夠受到Ｚ世代效應助益。它們並非你需要做的全部事項，但它們的確是新式行為和態度的核心。

我們的目標是開啟對話，對話或許會出現爭議，但是它將持續一段時候。對話的核心是最基本，卻也是最困難的改變，因為我們被訓練把社會和商業當作是一個不同世代的大集合來思考。世代分歧的障礙，是我們不需要再堅持的東西。它的效用已經過期。

拋掉世代情節

我們知道本書提出的假設前提有夠大膽。我們在要求你拋棄你可能從來不質疑的東西，也就是世代的標籤。對任何人皆然，最難的莫過於拋棄掉我們認為不證自明的真理。我們和這些信念一起長大，它們深鑄在我們看待世界的觀念裡，對它們的正當性有任何威脅，不啻是直接攻擊我們的知覺。

以世代而言，我們對它們的存在有更深厚的關愛，因為我們把自己認定屬於某個世代。這裡關係到我們是什麼樣的人，以及我們為何以我們的方式為人處世，或者至少它是我們用來自我認同的方式。可是，任何信念只有產生有效結果時，它們才有價值。否則它們只是教條，控制我們的行為，劫持我們的自由意志，阻礙我們前進。

我們在本書從頭到尾都看到，歸屬於某一世代的想法不再

能夠驅動我們前進。它反而把我們捆綁在過去，阻礙我們有效地合作，在人們之間製造屏障，阻礙跨越年齡障礙。世代的界定特性，包括不同的科技、工作的模式，以及沒有能力調適接受新思想和經驗等，都不再適用。我們用來生活、工作和玩樂的工具，現在幾乎都一模一樣。

我們是否仍有些人選擇脫離社會、躲到我們自己的島嶼，有如赫爾曼‧梅爾維爾（Herman Melville）筆下遠離其他人的「遺世孤立的大溪地」呢？我們之中大多數的人當然會在一個共同的科技和社交平臺上一起工作和玩樂。我們愈能如此，就愈有可能面對日益複雜的世界和艱鉅的共同挑戰。

在你自己的生活和你的組織中，你應該問的問題是：

- 我本人是否太執著於特定世代，以致限制了自己挑戰陳舊信念和行為的能力？
- 我是否快速替別人貼上標籤，認為他屬於某個世代，以至於對他的信仰和行為的看法出現偏差？
- 我是否堅守已經習慣的舊科技，只因為我只認識這些舊科技，而其他人早已彈射出去，令我望塵莫及？

你已經走到關鍵位置

如果我們想要的話，其實我們全都是未來的構建者。

它可能像是艱鉅的工作，也就是以個人之力承擔起建構未來的重責大任；不過，我們全都扮演某個角色，很少認為它是

為了我們大家。我們全被超級互聯成為一個巨大的全球力量，但我們仍然是各自獨立的個體；連結強化了我們，並沒有消除我們。我們在這本書中描述的六種力量，擴大了個人的聲音、影響力和衝擊。

但是一個個人要如何改變世界？1972年2月，巴克明斯特·富勒接受訪問時說了一句我們都講不出來的經典佳句：

想一想瑪麗皇后號（Queen Mary），這整艘船靠著方向舵掌握行進方向。在方向舵的邊緣有一個小的東西叫做平衡儀。

這個方向舵不大。只要稍為動一下平衡儀，就會產生小小的壓力，可以轉動方向舵。幾乎不需花太大力氣。因此我說渺小的個人也可以是平衡儀。[2]

Z世代很早以前就離港出海。不論你是買了票上船，還是船開了，你剛好困在船上，或是吊在欄杆上，你已經是這趟壯觀的旅途上的乘客，你將經歷從前不曾見過或想像過的壯觀景緻。你可以欣賞它，或是留在艙房裡抱枕大睡，盼望一覺醒來，已經要登岸。這一切由你作主選擇。

請記住，這趟旅程再也不會有安全港，只有浩瀚大洋。

歡迎你來到Z世代。

(Z) 附錄
反向教導制簡易指南

　　由於反向教導制對 86％ 的組織而言仍是全新的概念，我們整理出一份簡短的指南，供你建立自己的反向教導方案時參考。

反向教導制是什麼？

　　反向教導制是一種學習關係，導師年紀輕但非常精嫻科技和社會行為的新趨勢，而導生雖然生活經歷更豐富，卻不熟悉新的科技或社會行為。

什麼人在運用反向教導制？

　　雖然只有 14％ 的公司設置反向教導方案，其中卻不乏知名公司，如奇異、哈特福保險集團、奧美廣告集團、惠普科技和思科等。

為什麼要實行反向教導制？

　　師徒關係可以是職業和個人生活各種關係當中最有價值、最有意義的一環。假設前提很簡單：讓有經驗的導師把他們的

專業知識、成敗和信心傳授給經驗稚嫩的個人。這正是反向教導制背後的假設前提，只不過反向師傅是個年輕人，生活經驗雖少，卻對新科技和行為有更多的直接經驗。反向師傅是精嫻最新科技，更重要的是，他們更熟諳這些科技所創造的社會行為和態度。

為什麼反向教導制很寶貴？

反向教導制很容易描述和理解，但它相當罕見。如果你要求大多數人舉出誰是反向師傅，他們很可能會說是兒女或孫兒女、侄兒女。很少人在工作職場上有反向教導。

反向教導關係有一項最大的無形價值，就是它經常為兩造帶來信心。導生受惠於反向師傅的新穎見識，反向師傅則受惠於與資深人員互動而獲得賞識。

雖然反向教導制的本意可能主要是要讓年紀較大的員工接觸新科技、行為和思想，但它也讓年輕員工有自信，知道本身具有有價值的見識和觀點，其值得分享。

我們期待反向教導貢獻多少時間和精力？

這將視情勢的需求而有所不同。通常反向師傅應該定期與導生有 1 ～ 2 個小時的相處與討論，以便建立起關係。有可能是起初每月一次或兩次會談。最根本的是一開頭雙方在反向師傅能撥出多少時間、導生又有何需求上，就取得共識。

反向教導關係將延續多久？

雖然傳統的師徒關係會長達數十年，甚至是終身，但理想的反向教導關係通常專注在較短期的密集學習。反向教導制專注在某些特定的經驗，而非把一輩子的學問傾囊以授、終身學習。不過，也不乏案例，反向教導關係持續相當長久一段時間。這要依相關的當事人而定，也要看組織承諾的內容及投資的時間而定。

反向師傅和導生如何配對？

傳統的師徒制通常是一種有機的過程，師生透過共同的接觸或關係串連起來。然而，反向教導關係起於導生向反向師傅求教，請求提供意見或指導。鑒於這種關係大半出現在組織的環境中，組織必須支持反向師傅撥出時間去建立有意義的指導關係。通常，公司訂定正式的反向教導制度，有如奇異公司執行長傑克‧威爾許在 1999 年所率先訂定者，它指引導生去找反向師傅求助。

為什麼反向教導制沒有更普及？

德爾菲集團調查 600 家組織，發現有 56％家實施導師制。然而，反向教導制卻出奇地在企業界並不流行，這 600 家組織只有 14％家實行反向教導制。我們不清楚為什麼反向教導制沒有受到更大的注意。我們猜測部分原因是專業人員有太大的壓

力必須把精力集中在工作上，它們對他們投資下去的時間會有明顯的回報。或者說，我們把儕輩交往沒當作師徒關係看待。不論如何，大部分的人沒有想到要開口請晚輩逆向教導他們。

什麼人是第一流的反向教導？

雖然反向師傅和導生之間是否投緣契合有許多微妙因緣，還是有若干基本因素決定某人是否是優秀的師傅。譬如：

- 願意貢獻時間和精力，樂見別人的成長和成功。
- 對於新科技有深刻的成敗經驗，態度上也不吝於與導生分享。
- 有真誠的興趣發展跨年齡層的社群，以及在社群中分享知識。
- 有能力、有興趣，又有組織支持他們騰出時間投注在啟發導引人。
- 曾經有過被啟發導引（不論是傳統式或逆向式）的正面經驗，因此了解它的價值。

這分反向教導制簡易指南只是開端。為了有效運用反向教導制，你需要把它當作你組織之核心要求，要有組織領導層和文化的支持。如果你已經有了反向教導制度，你已經踏出一大步。如果你還沒有此制度，不妨考慮把它設為正式機制的極端重要性，透過它，你的組織可以跨過世代界限雙向分享知識。

Ⓩ 註解

緒論

1. Sudeep Reddy, "Number of the Week: Total World Debt Load at 313% of GDP," *Real Time Economics, The Wall Street Journal*, May 11, 2013, http://blogs.wsj.com/economics/2013/05/11/number-of- the- week- total- world- debt- load-at-313-of-gdp/.
2. 工作生命期指的是一個人能夠全職或兼職受雇賺取所得的期間。
3. 熟悉物理學的人士可以看到我們以最簡單的例子敘述地心吸力對落體的效應時,並沒有包括空氣阻力、物體從什麼高度落下,以及終極速度等變數。
4. 如果你計算一下,13 乘以 5 是 65,比我們所謂的 64 要大出 1。原因是我們把第一族群從出生(0 歲)開始計算、而非從 1 歲開始計算,因此才會有 0 ～ 4 歲、5 ～ 9 歲、10 ～ 14 歲等分組。

第一章　Z世代:跨世代

1. DJ Saul, "3 Million Teens Leave Facebook in 3 Years: The 2014 Facebook Demographic Report," *iStrategyLabs*, January 15, 2014, http://istrategylabs.com/2014/01/3- million-teens- leave- facebook-in-3- years- the- 2014- facebook- demographic- report/.
2. "Zero to Eight: Children's Media Use in America 2013," Common Sense Media, Fall 2013, https:// www.commonsensemedia.org /sites/default/fi les/research/zero-to- eight- 2013.pdf.
3. 人口學家通常把我們所謂的微世代(micro-generations)稱為「群組」(cohorts)。群組有共同的特殊時點或事件,譬如,見證第一個人類登陸月球的我們,可以說是有同一經驗的群組。我們選用微世代這個字詞,是為了凸顯世代已經被壓縮到間隔時間非常短。

4. Philip Elmer- DeWitt, "Jan. 1984: How Critics Reviewed the Mac," *Apple 2.0, Fortune.com,* January 12, 2009, http://fortune.com/2009/01/12/jan-1984-how-critics-reviewed-the-mac/.

5. Jeff P comment on "The Future of Reader Store in the US & Canada Sony," accessed May 12, 2014, https://blog.sony.com/2014/02/the-future-of-reader-store/comment-page-1/.

6. "Mobile Messaging Futures 2013- 2017," *Portio Research,* Accessed April 26, 2014, http://www.portioresearch.com /media/4532/Mobile%20Messaging%20Futures% 202013-2017%20SAMPLE%20PAGES.pdf.

7. Joel Penney , "The Sip: Marco Rubio's Viral Moment and the Triumph of Political Style," *Viral Politics,* February 19, 2013, http://viralpoliticsblog.wordpress.com/2013/02/19/the-sip-marco-rubios-viral-moment-and-the-triumph-of-political-style/.

8. Bryan Wood, 'Twitter / Bryanwx: A Woman Attempting To Take . . .,'February 13, 2014, https://twitter.com/bryanwx/status/434106544263675904.

第二章　打破世代藩籬

1. "World Population to 2300," United Nations, 2004, accessed April 24, 2014, http://www.un.org /esa/population/publications/longrange2/WorldPop2300fi nal.pdf.

2. Mary Kruhm, "Mead, The Polymath," in *Margaret Mead: a biography* . (Westport, CT:Greenwood Press, 2003).

3. Tony Bradley, "Study: The traditional offi ce will soon be extinct," *PCWorld,* June 17, 2014, http://www.pcworld.com /article/2364272/ study- the- traditional- offi ce- will- soon-be-extinct.html.

4. GSA Offi ce of Governmentwide Policy, *Workspace Utilization and Allocation Benchmark* , July, 2012, http://www.gsa.gov/graphics/ogp/Workspace_Utilization_Banchmark_July_2012.pdf.

第三章　網際網路高度互聯：從我到我們

1. 一項科技要多少年才會成熟，一直是受到激烈辯論的主題之一，因為時間的長短要看你把起點設在哪裡而有所不同。如果是始於科技發明出來的時候，50 年是保守的數字。譬如，無線電收音機可說是花了 38 年或 58 年才成熟，這要看是以亨利克・赫茲（Heinrich Hertz）在 1887 年發現無線電電波，還是以古列爾摩・馬可尼（Guglielmo Marconi）於 1907 年發明電報作為起點。然而，如果你以商業開發為起點，時間又會縮短，因為科技基礎設施日益普及。譬如，電視搭著無線電傳輸已經相當進步的方便，因此花 13 至 39 年就

成熟，當然這還是根據起點定在哪一年而有所不同。

2. Gisle Hannemyr, "The Internet As Hyperbole," accessed March 26, 2014, http://hannemyr.com/en/diff .php.

3. Total number of connections is calculated with the formula Number of Nodes(n)n(n – 1)/2.

4. 裝置的數字是依據作者整理各個產業所得出的資料，以及德爾菲集團對感應器及裝置擴散的研究。

5. 斐德羅（Phaedrus）。

6. Bill Moyer, "Segment: Sherry Turkle on Being Alone Together," October 18, 2013, http://billmoyers.com/segment/ sherry- turkle-on- being- alone- together/.

7. *Alexander Graham Bell's Telephone Patent Drawing and Oath, 03/07/1876*, n.d., http://research.archives.gov/description/302052.

8. Wikimedia Commons,"Osborne 1 open," Accessed April 26 2014 wikimedia.org/wiki/File:Osborne_1_open.jpg. "Osborne 1 open" by Bilby- Owen work. Licensed under Creative Commons Attribution 3.0 via Wikimedia Commons.

9. Diane Mapes, "We're married, sleeping separately," *CNN.com*, September 12, 2008, http://www.cnn.com /2008/LIVING/personal/09/12/lw.sleep.alone.when.married/.

10. Andrea Peterson , "The six types of conversations on Twitter," *The Washington Post*, February 20, 2014, http://www.washingtonpost.com /blogs/ the- switch/wp/2014/02/20/the- six- types-of-conversations-on-twitter/.

第四章　高科技普及化：彈射現象

1. Wikimedia Commons, "Internet users per 100 inhabitants," accessed April 26, 2014, http://en.wikipedia.org/wiki/File:Internet_users_per_100_inhabitants_ITU.svg.

2. http://data.worldbank.org/.

3. 依據蘋果公司 2010 年起每季財務報表的數字。

4. Gartner, Inc., "Gartner Says Worldwide Tablet Sales Grew 68 Percent in 2013, With Android Capturing 62 Percent of the Market," March 3, 2014, http://www.gartner.com /newsroom/id/2674215.

5. Erickson Living, "Seniors shed common myths as they adopt social media," December 9, 2013, http://www.ericksonliving.com /blog/technology-for-seniors/seniors-shed-common-myths-as-they-adopt-social-media.asp.

6. Paul Sloan, "49 percent of online seniors use Facebook," *CNET, June 8, 2012*, http://www.cnet.com /news/49-percent-of- online- seniors- use- facebook/.

7. Aaron Smith, "Older Adults and Technology Use," *Pew Research Center's Internet & American Life Project*, April 3, 2014, http://www.pewinternet.org /2014/04/03/older-adults-and-technology-use/.

8. "GWI Social January 2014 GlobalWebIndex Report Series," accessed April 26, 2014, http:// insight.globalwebindex.net/ gwi- social- january- 2014.

9. Fred D. Davis, "User Acceptance of Information Technology: System Characteristics, User Perceptions and Behavioral Impacts." *International Journal of Human- computer Studies / International Journal of Man- machine Studies* 38, no. 3 (1993): 475- 487, accessed April 26, 2014, doi:10.1006/imms.1993.1022.

10. Andrew Maier, "A Chat with Bill Gribbons," March 21, 2013, http://networkedblogs.com/ Jxwoj.

11. Nathan Clevenger . "How the iPad Conquered the Enterprise," *Datamation,* July 29, 2011, http://www.datamation.com / mobile- wireless/ the- ipad- and- enterprise-it.html.

12. Richard Padilla, "Apple Q1 2014 Numbers: $158.8 Billion in Cash, 65 Billion Apps Downloaded, and 420 Total Retail Stores," *Mac Rumors,* January 27, 2014, http://www. macrumors.com /2014/01/27/apple-q1- 2014- sales- numbers/.

13. As of March 26, 2014 from http://www.apple.com/about/ job- creation/ - there were 291,250 iOS app economy jobs in the U.S., and 275,000 registered iOS developers in the U.S. alone.

14. Mihaly Csikszentmihalyi, *Flow: The Psychology of Optimal Experience* , (New York: Harper & Row, 1990).

15. "Social Support and Lasting Weight Loss," Weight Watchers, last modifi ed, December 17, 2011, https:// www.weightwatchers.com /util/art/index_art.aspx?tabnum=1&art_ id=20911&sc=804.

16. "CES Press Release - 2015 International CES, January 6-9," *Consumer Electronics Association,* December 2, 2013, http://www.cesweb.org /News/ Press- Releases/ CES-Press- Release.aspx?NodeID= 31f2b670- 9a21- 418a- b5d9- 23dde67a758c.

17. Susannah Fox and Maeve Duggan, "Tracking for Health," *Pew Research Internet Project,* January 28, 2013, http://www.pewinternet.org /2013/01/28/ tracking- for- health/.

18. Jan Soults Walker, "Benefi ts Of Steam Washing Machines," *houselogic,* November 24, 2010, http://www.houselogic.com /home-advice/appliances/steam-washers-dream-come-true-jetsons-style/.

19. "A history of Microsoft Windows," Microsoft, accessed April 26, 2014, http://windows.microsoft.com/en-us/windows/history#T1=era0.

第五章　由財富轉向影響力

1. Robert B. Cialdini, *Infl uence: Science and Practice* , 5th ed. (Boston: Pearson Education, 2009).

2. "RetailNext Hits New Heights in Retail Big Data," RetailNext, April 3, 2014, accessed April 26, 2014, http://retailnext.net/press-release/retailnext-hits-new-heights-in-retail-big-data/.

3. "Gross Domestic Product 2012," World Bank, accessed April 26, 2014, http://databank. worldbank.org/data/download/GDP.pdf.

4. Patti M. Valkenburg and Moniek Buijzen, "Identifying determinants of young children's brand awareness: Television, parents, and peers," *Journal of Applied DevelopmentalPsychology* (2005): doi:10.1016/j.appdev.2005.04.004.

5. "Interbrand Best Global Brands," Interbrand, accessed April 24, 2014, http://www. interbrand.com /en/ best- global- brands/2013/ Best- Global- Brands- 2013.aspx.

6. 谷歌和臉書這兩種社群媒體都接受付費廣告而金錢化。然而，重點是商業模式雖需要付費廣告主的支持，其內容是開放給每個人的。這和過去的媒體大不相同，後者需要派大批守門人過濾及核准報導內容。

7. "The Top 10 Industries that Contributed Most to Google Earnings," Word-Stream Inc., Accessed April 26, 2014, http://www.wordstream.com /articles/google-earnings.

8. "Upworthy.com Traffi c and Demographic Statistics," Quantcast, accessed April 26, 2014, https:// www.quantcast.com /upworthy.com.

9. Mark Michell, "Google's 8 Simple Rules for Being a Better Manager," Government Executive, January 15, 2013, http://www.govexec.com /excellence/promising-practices/2013/01/googles-8-simple-rules-being-better-manager/60882/.

10. Gary Burnison, "What Thomas L. Friedman Didn't Report About Getting Hired by Google," April 13, 2014, https:// www.linkedin.com /today/post/article/20140313201538-281874400-what-thomas-l-friedman-didn-t-report-about-getting-hired-by-google.

第六章　以世界為課堂

1. "120 Years of American Education: A Statistical Portrait, 1993," National Center for Education Statistics, January, 1993, http://nces.ed.gov/pubs93/93442.pdf.

2. "School enrollment, primary (% net)," World Bank, accessed April 26, 2014, http://data. worldbank.org/indicator/SE.PRM.NENR/countries/1W?display=graph.

3. "YouTube U: The Power Of Stanford's Free Online Education," Co.Exist , November 11, 2011, http://www.fastcoexist.com /1678792/youtube-u-the-power-of-stanfords-free-online-education.

4. "MOOCs in 2013: Breaking Down the Numbers," EdSurge, December 22, 2013, https:// www.edsurge.com /n/2013-12-22-moocs-in-2013-breaking-down-the-numbers.

5. 學生每次點閱大規模網路開放課程的一部分內容，就算是上了一次課。當然，每位學生點閱上課的次數多寡，會依課程的長短、課程分段的次數和長短，以及學生的理解程度而不同。我們本身透過大規模網路開放課程授課的經驗得知，每位學生點閱課程的平均次數是10 次。這個數字包括半途而廢、沒有修完全部課程的學生，以及多次點閱分段課程的學生。

6. "Stories," Khan Academy, accessed April 26, 2014, https:// www.khanacademy.org /stories.

7. "Employee-to-employee (E2E) Learning: Google's g2g Program," Udemy, accessed April 26, 2014, https:// www.udemy.com /organizations/employee-to-employee-e2e-learning-bring-googles-g2g-program-to-your-team/.

8. An independent US nationwide in-home placement study, Research Strategy Group Inc, March 2013 .

第七章　突破障礙：Ｚ世代的劇本

1. "Frequently Asked Questions about Small Business," Small Business Administration Office of Advocacy, March 2014, http://www.sba.gov/sites/default/fi les/FAQ_March_2014_0. pdf.

2. Anthony Breitzman, PhD and Diana Hicks, PhD, "An Analysis of Small Business Patents by Industry and Firm Size," Small Business Administration, November 2008, http://archive. sba.gov/advo/research/rs335tot.pdf.

3. " US Angel Group Update: 2013 Year in Review," CB Insights, accessed April 24, 2014, http://www.svb.com /uploadedFiles/Content/Blogs/Halo_Report/halo-report-2013.pdf.

4. "MoneyTree Report - Q4 2013/ Full- year 2013," PwC, accessed April 26, 2014, http:// www.pwc.com /en_US/us/technology/assets/ pwc- moneytree-q4- and- full- year- 2013- summary- report.pdf.

5. "Kauff man Index of Entrepreneurial Activity," Ewing Marion Kauff man Foundation, accessed April 26, 2014, http://www.kauff man.org /what-we-do/research/kauff man-index-of- entrepreneurial- activity.

6. "One Billion Dollars," accessed April 26, 2014, https:// www.kickstarter.com /1billion.

7. Justine Ezarik, "iPhone Bill,", accessed April 26, 2014, https:// www.youtube.com / watch?v=UdULhkh6yeA.

8. Roger Parloff，"How Linux Conquered the Fortune 500," *Fortune*, May 6, 2013, http://money.cnn.com/2013/05/06/technology/ linux- 500.pr.fortune/.

9. "What is Copyleft?," GNU Project Free Software Foundation, accessed April 26, 2014. https:// www.gnu.org /copyleft/.

10. 紅帽提供某些免費軟體，如 Fedora。

11. "Patent Policy," accessed April 26, 2014, http://www.redhat.com /legal/patent_policy.html.

12. "Wikipedia.org Traffi c Statistics," SimilarWeb，accessed April 26, 2014, http://www.similarweb.com /website/wikipedia.org.

13. 這裡所謂的「藥品」指的是製藥業和食品藥物管理局所謂的新分子實體（new molecular entities）。這些新藥含有食品藥物管理局還未核准的分子。

14. "Pathway to Global Product Safety and Quality," U S Food and Drug Administration, accessed April 26, 2014, http://www.fda.gov/downloads/aboutfda/centersoffi ces/oc/globalproductpathway/ucm259845.pdf.

結論　歡迎來到 Z 世代

1. Sudeep Reddy, "Number of the Week: Total World Debt Load at 313% of GDP," *The Wall Street Journal*，May 11, 2013, http://blogs.wsj.com/economics/2013/05/11/number-of-the- week- total- world- debt- load-at-313-of-gdp/.

2. "A Candid Conversation with the Visionary Architect/Inventor/Philosopher, R. Buckminster Fuller," *Playboy Magazine*，February, 1972.

Ⓩ 參考文獻

Bell, Alexander Graham. "Telephone Patent Drawing and Oath, 03/07/1876." http://research. archives.gov/description/302052.

Bradley, Tony. "Study: The Traditional Offi ce Will Soon Be Extinct." *PCWorld* , June 17, 2014. http://www.pcworld.com /article/2364272/study-the-traditional-offi ce-will-soon-be-extinct. html.

Breitzman, Anthony, and Diana Hicks. "An Analysis of Small Business Patents by Industry and Firm Size." Small Business Administration, November 2008. http://archive.sba.gov/advo/ research/rs335tot.pdf.

Burnison, Gary. "What Thomas L. Friedman Didn't Report About Getting Hired by Google." LinkedIn, April 13, 2014. http://www.linkedin.com /today/post/article/20140313201538- 281874400- what- thomas-l- friedman- didn-t- report- about- getting- hired-by-google.

"A Candid Conversation with the Visionary Architect/Inventor/Philosopher, R. Buckminster Fuller." *Playboy* magazine, February 1972. http://bfi .org/sites/default/fi les/attachments/ pages/CandidConversation-Playboy.pdf.

CB Insights. "US Angel Group Update: 2013 Year in Review." Accessed April 24, 2014. http:// www.svb.com /uploadedFiles/Content/Blogs/Halo_Report/ halo- report- 2013.pdf.

Cialdini, Robert B. *Infl uence: Science and Practice, 5th ed.* Boston: Pearson Education, 2009. Clevenger, Nathan. "How the iPad Conquered the Enterprise." Datamation, July 29, 2011. http://www.datamation.com / mobile- wireless/ the- ipad- and- enterprise-it.html.

Common Sense Media. "Zero to Eight: Children's Media Use in America 2013." Fall 2013. http:// www.commonsensemedia.org /sites/default/fi les/research/zero-to-eight-2013.pdf.

Consumer Electronics Association. "CES Press Release—2015 International CES, January 6–9." December 2, 2013. http://www.cesweb.org /News/Press-Releases/CES-Press-Release. aspx?NodeID=31f2b670-9a21-418a-b5d9-23dde67a758c.

Csikszentmihalyi, Mihaly. *Flow: The Psychology of Optimal Experience* . New York: Harper &

Row, 1990.

Davis, Fred D. "User Acceptance of Information Technology: System Characteristics, User Perceptions and Behavioral Impacts ." *International Journal of Man– Machine Studies* , Vol. 38, No. 3: 475– 487.

EdSurge. "MOOCs in 2013: Breaking Down the Numbers." December 22, 2013. http://www. edsurge.com /n/2013-12-22-moocs-in- 2013- breaking- down- the- numbers.

Elmer-DeWitt, Philip. "Jan. 1984: How Critics Reviewed the Mac." *Fortune.com* , January 12, 2009. http://fortune.com/2009/01/12/jan-1984-how-critics-reviewed-the-mac/.

Erickson Living. "Seniors shed common myths as they adopt social media." December 9, 2013. http://www.ericksonliving.com /blog/ technology- for- seniors/ seniors- shed- common- myths-as- they- adopt- social- media.asp.

Ewing Marion Kauff man Foundation. "Kauff man Index of Entrepreneurial Activity." Accessed April 26, 2014. http://www.kauff man.org /what-we-do/research/kauff man-index-of-entrepreneurial-activity.

Ezarik, Justine. "iPhone Bill." Accessed April 26, 2014. http://www.youtube.com / watch?v=UdULhkh6yeA.

Fast Company . "YouTube U: The Power Of Stanford's Free Online Education." November 11, 2011. http://www.fastcoexist.com /1678792/youtube-u-the-power-of-stanfords-free-online-education.

Fox, Susannah, and Maeve Duggan. "Tracking for Health." Pew Research Internet Project, January 28, 2013. http://www.pewinternet.org /2013/01/28/ tracking- for- health/.

Free Software Foundation. "What is Copyleft?" Accessed April 26, 2014. http://www.gnu.org / copyleft/.

Gartner, Inc. "Gartner Says Worldwide Tablet Sales Grew 68 Percent in 2013, With Android Capturing 62 Percent of the Market." March 3, 2014. http://www.gartner.com /newsroom/ id/2674215.

General Services Administration. "Workspace Utilization and Allocation Benchmark." July 2012. http://www.gsa.gov/graphics/ogp/Workspace_Utilization_Banchmark_July_2012.pdf.

Global Web Index. "GWI Social January 2014 GlobalWebIndex Report Series." Accessed April 26, 2014. http://insight.globalwebindex.net/ gwi- social- january- 2014.

Hannemyr, Gisle. "The Internet As Hyperbole." Accessed March 26, 2014. http://hannemyr.com/ en/diff .php.

Interbrand. "Interbrand Best Global Brands." Accessed April 24, 2014. http://www.interbrand. com /en/ best- global- brands/2013/ Best- Global- Brands- 2013.aspx.

"Internet users per 100 inhabitants." Wikimedia Commons. Accessed April 26, 2014. http:// en.wikipedia.org/wiki/File:Internet_users_per_100_inhabitants_ITU.svg.

Khan Academy. "Stories." Accessed April 26, 2014. http://www.khanacademy.org /stories.

Kickstarter. "One Billion Dollars." Accessed April 26, 2014. http://www.kickstarter.com /1billion.

Kruhm, Mary. "Mead, The Polymath." in *Margaret Mead: a Biography*. Westport, CT:Greenwood Press, 2003.

Maier, Andrew. "A Chat with Bill Gribbons." March 21, 2013. http://networkedblogs.com/Jxwoj.

Mapes, Diane. "We're Married, Sleeping Separately." *CNN.com* , September 12, 2008. http:// www.cnn.com /2008/LIVING/personal/09/12/lw.sleep.alone.when.married/.

Michell, Mark. "Google's 8 Simple Rules for Being a Better Manager." Government Executive, January 15, 2013. http://www.govexec.com /excellence/promising- practices/2013/01/ googles-8- simple- rules- being- better- manager/60882/.

Microsoft. "A History of Microsoft Windows." Accessed April 26, 2014. http://windows.microsoft. com/en-us/windows/history#T1=era0.

Moyer, Bill. "Segment: Sherry Turkle on Being Alone Together." October 18, 2013. http:// billmoyers.com/segment/ sherry- turkle-on- being- alone- together/.

National Center for Education Statistics. "120 Years of American Education: A Statistical Portrait, 1993." January, 1993. http://nces.ed.gov/pubs93/93442.pdf.

Neff , Jack. "Procter & Gamble Spends 35% Of Marketing Dollars On Digital." *Advertising Age* , August 20, 2013. http://adage.com/article/digital/procter-gamble-spends-35-marketing-dollars-digital/243718/.

OECD. "Education at a Glance 2012: OECD Indicators." Accessed April 24, 2014.

"Osborne 1." Wikimedia Commons. Accessed April 26, 2014. http://en.wikipedia.org/wiki/ File:Osborne_1_open.jpg.

Padilla, Richard. "Apple Q1 2014 Numbers: $158.8 Billion in Cash, 65 Billion Apps Downloaded, and 420 Total Retail Stores." Mac Rumors, January 27, 2014. http://www.macrumors.com /2014/01/27/apple-q1- 2014- sales- numbers/.

Parloff , Roger. "How Linux Conquered the Fortune 500." *Fortune* , May 6, 2013. http://money. cnn.com/2013/05/06/technology/ linux- 500.pr.fortune/.

Penney, Joel. "The Sip: Marco Rubio's Viral Moment and the Triumph of Political Style." *Viral Politics* , February 19, 2013. http://viralpoliticsblog.wordpress.com/2013/02/19/the- sip-marco- rubios- viral- moment- and- the- triumph-of- political- style/.

Peterson, Andrea. "The six types of conversations on Twitter." *The Washington Post* , February 20, 2014. http://www.washingtonpost.com /blogs/the-switch/wp/2014/02/20/the-six-types-of-conversations-on-twitter/.

Portio Research. "Mobile Messaging Futures 2013- 2017." Accessed April 26, 2014. http://www. portioresearch.com /media/4532/Mobile%20Messaging%20Futures% 202013- 2017%20 SAMPLE%20PAGES.pdf.

PwC. "MoneyTree Report - Q4 2013/ Full- year 2013." Accessed April 26, 2014. http://www.pwc. com /en_US/us/technology/assets/ pwc- moneytree-q4- and- full- year- 2013- summary-report.pdf.

Quantcast. "Upworthy.com Traffi c and Demographic Statistics." Accessed April 26, 2014. http:// www.quantcast.com /upworthy.com.

Reddy, Sudeep. "Number of the Week: Total World Debt Load at 313% of GDP." *The Wall Street Journal*, May 11, 2013. http://blogs.wsj.com/economics/2013/05/11/number-of- the- week-total- world- debt- load-at-313-of-gdp/.

Redhat. "Redhat Patent Policy." Accessed April 26, 2014. http://www.redhat.com /legal/patent_policy.html.

Research Strategy Group Inc. "An independent US nationwide in-home placement study." March 2013.

RetailNext. "RetailNext Hits New Heights in Retail Big Data." April 3, 2014. Accessed April 26, 2014. http://retailnext.net/press-release/retailnext-hits-new-heights-in-retail-big-data/.

Saul, DJ. "3 Million Teens Leave Facebook in 3 Years: The 2014 Facebook Demographic Report." iStrategyLabs, January15,2014. http://istrategylabs.com/2014/01/3- million- teens- leave-facebook-in-3- years- the- 2014- facebook- demographic- report/.

Sloan, Paul. "49 percent of online seniors use Facebook." CNET, June 8, 2012. http://www.cnet. com /news/49-percent-of- online- seniors- use- facebook/.

Small Business Administration. "Frequently Asked Questions about Small Business." March 2014. http://www.sba.gov/sites/default/fi les/FAQ_March_2014_0.pdf.

Smith, Aaron. "Older Adults and Technology Use." Pew Research Center's Internet & American Life Project, April 3, 2014. http://www.pewinternet.org /2014/04/03/older-adults-and-technology-use/.

Soults Walker, Jan. "Benefi ts Of Steam Washing Machines." Houselogic/The National Association of Realtors, November 24, 2010. http://www.houselogic.com / home- advice/ appliances/ steam- washers- dream- come- true- jetsons- style/.

Udemy. "Employee-to-employee (E2E) Learning: Google's g2g Program." Accessed April 26, 2014. http://www.udemy.com /organizations/employee-to-employee-e2e-learning-bring-googles-g2g-program-to-your-team/.

United Nations. "World Population to 2300." 2004. Accessed April 24, 2014. http://www.un.org / esa/population/publications/longrange2/WorldPop2300fi nal.pdf.

US Food and Drug Administration. "Pathway to Global Product Safety and Quality." Accessed April 26, 2014. http://www.fda.gov/downloads/aboutfda/centersoffi ces/oc/ globalproductpathway/ucm259845.pdf.

Valkenburg, Patti M., and Moniek Buijzen. "Identifying determinants of young children's brand awareness: Television, parents, and peers." Journal of Applied Developmental Psychology

(2005): doi:10.1016/j.appdev.2005.04.004.

Weight Watchers. "Social Support and Lasting Weight Loss." Last modifi ed December 17, 2011. http://www.weightwatchers.com /util/art/index_art.aspx?tabnum=1&art_id=20911&sc=804.

"Wikipedia.org Traffi c Statistics." SimilarWeb. Accessed April 26, 2014. http://www.similarweb. com /website/wikipedia.org.

Wood, Bryan. "Twitter post, February 13, 2014. http://twitter.com/bryanwx/ status/434106544263675904.

WordStream Inc. "The Top 10 Industries that Contributed Most to Google Earnings." Accessed April 26, 2014. http://www.wordstream.com /articles/ google- earnings.

World Bank. "Gross Domestic Product 2012." Accessed April 26, 2014. http://databank. worldbank.org/data/download/GDP.pdf.

World Bank. "School enrollment, primary (% net)." Accessed April 26, 2014. http://data. worldbank.org/indicator/SE.PRM.NENR/countries/1W?display=graph.

Ⓩ 致謝

　　我們正要開始撰寫《Z世代效應》之前，我們的好朋友、長期同事卡爾・傅拉帕洛（Carl Frappaolo）不幸與世長辭。

　　卡爾是德爾菲集團創辦人之一，知識管理領域的先驅。卡爾擁有偉大、活潑的心思，驚人的睿智；他具有不可思議的能力，在無論多麼具有挑戰性的任何情境、任何階段下，都能讓人安心。卡爾可以走進虎穴，面不改色、夷然無損，全身而退。

　　過去25年，我們和卡爾合作，不僅建立兩家成功的公司，也建立堅貞的友誼，我們對科技將會如何改造世界分享了無數的構想和意見。

　　卡爾無窮的幽默感和勇於面對人生，使我們倆人更加深思，更深入了解自己的人生方向。我們彼此的對話交往不僅啟迪知識，甚至更重要的是，鼓舞熱忱，使工作成為樂事。

　　一般流行說，當一個人喜愛自己覺得有意義又滿意的工作時，會到廢寢忘食、不認為是在辛苦工作的地步，其實和卡爾共事就是如此。他永遠熱情洋溢，經常令我們佩服，並且總是能化解無聊。

在我們的旅途中失去這樣一位夥伴，很傷感地提醒我們，在生命和工作的過程中，不僅要樂在其中、熱情更不是副產品，友情也不能事後再來追憶；當你想要有超越一己之力更大的成就時，尤其需要良師益友。

　　我們相信卡爾和Z世代相處會很愉悅，如果不是為了新行為和新科技，至少是為了他們所帶來的「希望、意義和應許」的訊息，而這是他一向秉持的哲學。

BIG 叢書 0276

Z世代效應：改變未來企業經營的六股力量

作　者—湯瑪斯・辜洛普羅斯（Thomas Koulopoulos）、
　　　　丹・凱德生（Dan Keldsen）
譯　者—林添貴
主　編—湯宗勳
特約編輯—葉冰安
美術設計—陳恩安
董 事 長—趙政岷
總 經 理
出 版 者—時報文化出版企業股份有限公司
　　　　　10803 台北市和平西路三段二四〇號七樓
　　　　　發行專線—（〇二）二三〇六六八四二
　　　　　讀者服務專線—〇八〇〇二三一七〇五
　　　　　　　　　　　（〇二）二三〇四七一〇三
　　　　　讀者服務傳真—（〇二）二三〇四六八五八
　　　　　郵撥—一九三四四七二四時報文化出版公司
　　　　　信箱—台北郵政七九～九九信箱
時報悅讀網—http://www.readingtimes.com.tw
電子郵件信箱—history@readingtimes.com.tw
法律顧問—理律法律事務所　陳長文律師、李念祖律師
印　刷—勁達印刷有限公司
初版一刷—二〇一七年八月十八日
定　價—新台幣三五〇元
（缺頁或破損的書，請寄回更換）

時報文化出版公司成立於一九七五年，
並於一九九九年股票上櫃公開發行，於二〇〇八年脫離中時集團非屬旺中，
以「尊重智慧與創意的文化事業」為信念。

國家圖書館出版品預行編目（CIP）資料

Z 世代效應：改變未來企業經營的六股力量
湯瑪斯・辜洛普羅斯（Thomas Koulopoulos）、丹・
凱德生（Dan Keldsen）；林添貴譯；——一版 . —— 臺北
市：時報文化，2017.8
　　面；公分 . -- (BIG 叢書；276)
　　譯　自：THE GEN Z EFFECT: THE SIX FORCES
SHAPING THE FUTURE OF BUSINESS

　　ISBN 978-957-13-7042-2（平裝）

　　1. 網路社會 2. 企業經營 3. 組織再造

541.415　　　　　　　　　　　106009044